Logisch!

Deutsch für Jugendliche

Kursbuch A1

von
Ute Koithan
Theo Scherling
Cordula Schurig
Anna Hila
Michael Koenig

Langenscheidt

Berlin · München · Wien · Zürich · New York

Von
Ute Koithan, Theo Scherling, Cordula Schurig, Anna Hila und Michael Koenig
in Zusammenarbeit mit Daniela Becht und Sarah Fleer
Trainingskapitel von Katja Behrens

Redaktion:
Alicia Padrós und Helen Schmitz
in Zusammenarbeit mit Annerose Bergmann und Angela Kilimann

Gestaltungskonzept und Layout:
Andrea Pfeifer

Umschlaggestaltung:
Andrea Pfeifer

Zeichnungen:
Anette Kannenberg und Daniela Kohl

Satz und Litho:
kaltnermedia GmbH, Bobingen

Verlag und Autoren danken Birgitta Fröhlich (Goethe-Institut Madrid), Johannes Gerbes (Goethe-Institut Zentrale, Bereich Sprachkurse und Prüfungen), Dr. Ferrel Rose (Bowling Green High School, Kentucky) und allen Kolleginnen und Kollegen, die *Logisch!* erprobt, begutachtet sowie mit Kritik und wertvollen Anregungen zur Entwicklung des Lehrwerks beigetragen haben.

Logisch A1 – **Materialien**	
Kursbuch A1	47421
Arbeitsbuch A1 mit CD	47422
Arbeitsbuch A1 mit CD und	
Vokabeltrainer CD-ROM	47429
CD zum Kursbuch	47424
Lehrerhandbuch A1	47423
Grammatiktrainer A1	47425
Vokabeltrainer CD-ROM	47430

Besuchen Sie uns auch im Internet:
www.langenscheidt.de/logisch
www.langenscheidt-unterrichtsportal.de

Umwelthinweis: gedruckt auf chlorfrei gebleichtem Papier

Druck: Stürtz GmbH, Würzburg
Printed in Germany

ISBN 978-3-468-**47421**-7

So geht's – Logisch!

*Hallo, ich heiße Dora.
Ich gebe euch viele gute Tipps zum Deutschlernen.
Hier erkläre ich euch Logisch!
Darf ich vorstellen?*

Frau Müller (Lehrerin)　Nadja　Jannik　Pia　Plato　Paul　Robbie

Symbole

 Hört die CD.

 Schreibt ins Heft.

 Sprecht nach oder singt mit. Übt eure Aussprache.

Schreibt Texte. Malt ein Bild oder klebt Fotos dazu. Seid kreativ! Sammelt diese Texte in einer Mappe. Das ist euer Portfolio.

Kursbuch und Arbeitsbuch

Zu jeder Aufgabe im Kursbuch gibt es eine Übung im Arbeitsbuch.

Zu Aufgabe **1** im Kursbuch macht ihr Übung **1** im Arbeitsbuch.

Das ist doch logisch, oder?

Es gibt vier Trainingskapitel. In jedem Training findet ihr eine Grammatikübersicht. Ihr lernt die FIT-Prüfung kennen und bekommt Tipps. Es gibt Informationen über Deutschland, Österreich und die Schweiz. Oder es gibt ein Spiel oder eine Aufgabe für eure Kreativität und Fantasie.
Im Arbeitsbuch gibt es auch vier Trainingskapitel. Hier findet ihr Beispiele aus der FIT-Prüfung. Ihr könnt eure Deutschkenntnisse wie in der realen FIT-Prüfung testen.

Logisch! A1 – Inhalt

1

Wir lernen:
begrüßen und verabschieden | sich und andere vorstellen | buchstabieren | Zahlen von 0 bis 20
W-Fragen und Antworten | Verbformen: *sein* und *heißen*

Hallo, ich heiße ...!

1 **Hallo! Guten Tag.**

2

a Hört die Dialoge.

b Hört noch einmal und lest mit.

> Guten Tag,
> Herr Schulze. Mein Name
> ist Ina Huber.

> Ich heiße Martin.

> Hallo!
> Ich bin Nora.
> Wer bist du?

> Hallo Lukas!

> Hallo Alex!

> Guten Tag, Frau Huber!
> Herzlich willkommen!

> Ich bin Julia.
> Und du?
> Wie heißt du?

2 **Vornamen**

3

a Hört und sprecht die Vornamen.

b Kennt ihr andere deutsche Namen?
Schreibt eine Liste an die Tafel.

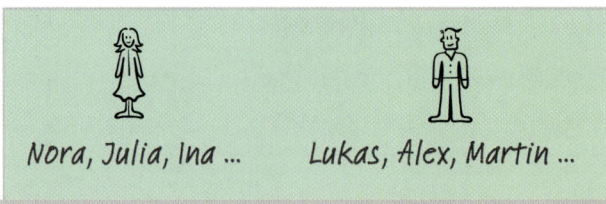

3 Ich heiße Nora. Wie heißt du?

 a Hört und lest den Dialog.

● Hallo! Ich heiße Nora. Wie heißt du?   ○ Ich heiße Julia.

b Fragt und antwortet in der Klasse.

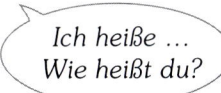 *Ich heiße …*
Wie heißt du?

 *Ich heiße …*

Hallo! Ich heiße Dora.

 c Hört den Dialog. Lest und übt zu dritt.

▶ Ich heiße Alex. Und das ist mein Freund. Er heißt Lukas.
▷ Hallo! Ich bin Martin. Entschuldigung, wie heißt du?
■ Lukas!

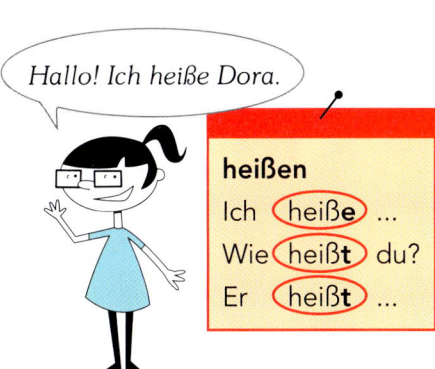

heißen
Ich (heiß**e**) …
Wie (heiß**t**) du?
Er (heiß**t**) …

4 Wie ist dein Name?

 Hört und lest den Dialog.

● Mein Name ist Ina Huber.
  Ich bin die Deutschlehrerin.
  Wie ist dein Name, bitte?
○ Ich heiße Lukas.
● Und wie ist dein Familienname?
○ Löscher.

5 Ich bin Alex. Wer bist du?

 a Hört und lest den Dialog.

● Ich bin Alex. Wer bist du?
○ Ich bin Julia. Und das ist Hanna. Sie ist meine Freundin.

b Schreibt und ergänzt den Dialog im Heft.

▶ Ich … Nora. Wer … du?
▷ Ich … Hanna. Und das … Alex. Er … mein Freund.

sein
Ich (bin) …
Wer (bist) du?
Er (ist) …
Sie (ist) …

6 Dialoge in der Klasse

 Schreibt zu zweit Dialoge. Spielt die Dialoge in der Klasse.

> Hallo! • Guten Tag! • Ich bin … • Ich heiße … • Mein Name ist …
> Wer bist du? • Entschuldigung, wie heißt du?
> Wie ist dein Vorname/Familienname? • Das ist … • Er ist … / Sie ist …

7 Wie bitte?

a Hört den Dialog. Was passt: Bild A oder Bild B?

A   B

b Lest und übt den Dialog zu zweit.

Paul: Aua!	Pia: Entschuldigung!
Paul: Wer ist denn das?	Pia: Das ist Plato, mein Hund.
Paul: Wie bitte? Wie heißt er?	Pia: Plato.
Paul: Wie buchstabiert man das?	Pia: P-L-A-T-O.

8 Das Alphabet

a Hört und sprecht nach.

A	B	C	D	E	F	G	H	I	J	K	L	M	N	O	P	Q	R	S	T	U	V	W	X	Y	Z
a	b	c	d	e	f	g	h	i	j	k	l	m	n	o	p	q	r	s	t	u	v	w	x	y	z
Ä, ä													Ö, ö			ß		Ü, ü							

b Und dein Alphabet? Was ist anders?

Z heißt auf Deutsch „Tsett".

9 Der ABC-Rap

a Hört und klatscht mit.

b Hört und singt mit.

10 Namen in der Klasse
Buchstabiert. Die anderen raten.

J-U-L-I-...

Julia!

Aa Bbe Cce

Dde Ee eFf

11 Die Zahlen von 0 bis 20

a Hört und lest die Zahlen.

0 null	10 zehn	20 zwanzig
1 eins	11 elf	
2 zwei	12 zwölf	
3 drei	13 dreizehn	
4 vier	14 vierzehn	
5 fünf	15 fünfzehn	
6 sechs	16 sechzehn	
7 sieben	17 siebzehn	
8 acht	18 achtzehn	
9 neun	19 neunzehn	

b Übt zu zweit.

Eins! … Drei! …

Zwei! … Vier! …

12 Fünf – drei – acht

Hört die Zahlen. Zieht eine Linie von der einen Zahl zur nächsten. Was seht ihr?

1	2	3	4	5
6	7	8	9	10
11	12	13	14	15
16	17	18	19	20

1	2	3	4	5
6	7	8	9	10
11	12	13	14	15
16	17	18	19	20

1	2	3	4	5
6	7	8	9	10
11	12	13	14	15
16	17	18	19	20

13 Wie ist deine Telefonnummer?

a Hört den Dialog. Lest den Dialog zu zweit.

Pia: Wie ist deine Telefonnummer?
Paul: 0-1-7-2 …
Pia: 0-1-7-3 …
Paul: Nein! 0-1-7-2!
Pia: … 7-2 …
Paul: Und dann 4-5-8-4-3-5-9-2.
Pia: … 4-5-8-4-3-5-9-2.
Paul: Ja, genau!
Pia: Ich rufe an. Tschüs!

b Übt zu zweit. Diktiert eure Telefonnummern.

14 Wie alt bist du?

a Hört den Dialog. Lest den Dialog zu zweit.

Pia: Wie alt bist du, Paul?   Paul: Ich bin 14. Und du?
Pia: Ich bin 13 Jahre alt.

b Übt den Dialog zu zweit. Spielt den Dialog dann in der Klasse.

15 Tag für Tag

a Seht die Bilder an. Hört die Dialoge.

▶LHB **b** Welcher Satz passt zu welchem Bild?

A ● Guten Tag, Kinder. ○ Guten Morgen, Frau Müller!
B ● Auf Wiedersehen, mein Schatz! ○ Tschüs, Mama!
C ● Guten Abend.
D ● Guten Morgen, Pia! ○ Guten Morgen.
E ● Gute Nacht, Papa! ○ …
F ● Hallo, Pia! ○ Hallo, Nadja!

c Hört die Dialoge noch einmal zur Kontrolle.

Kannst du das schon?

W-Fragen und Antworten

- ● Wer bist du? ○ Ich bin ...
  ● Wie heißt du? ○ Ich heiße ...
  ● Wie heißt er? ○ Er heißt ...
  ● Wie heißt sie? ○ Sie heißt ...
  ◉ Wer ist das? ○ Das ist ...

- ● Wie ist dein Name/Vorname/Familienname?
  ○ Mein Name/Vorname/Familienname ist ...

sich/andere vorstellen

- Ich bin die Deutschlehrerin.
- Das ist mein Freund. Er heißt Lukas.
- Das ist Hanna. Sie ist meine Freundin.
- Das ist mein Hund.

Hallo und tschüs

- Hallo! | Guten Morgen. | Guten Tag. | Guten Abend. | Gute Nacht. |
  Herzlich willkommen! | Tschüs. | Auf Wiedersehen.

buchstabieren

- ABCDEFGHIJKLMNOPQRSTUVWXYZ, ÄÖÜ
  abcdefghijklmnopqrstuvwxyz, äöü, ß
- Wie buchstabiert man das?

Zahlen von 0 bis 20

- 0 null, 1 eins, 2 zwei, 3 drei, 4 vier, 5 fünf, 6 sechs, 7 sieben,
  8 acht, 9 neun, 10 zehn, 11 elf, 12 zwölf, 13 dreizehn, 14 vierzehn,
  15 fünfzehn, 16 sechzehn, 17 siebzehn, 18 achtzehn, 19 neunzehn,
  20 zwanzig

Telefonnummer und Alter

- Wie ist deine Telefonnummer?
- ● Wie alt bist du? ○ Ich bin 14.

- Ja. | Nein. | Genau.
- Entschuldigung!
- Wie bitte?

Noch einmal, bitte

W-Fragen und Antworten

Stellt Fragen zum Namen.
Wer ...?   Ich/Du/Er/Sie ...
Wie ...?   Ich/Du/Er/Sie ...

Wie ist dein Name? – ...

sich/andere vorstellen

Stellt euch vor.
Stellt einen Freund / eine
Freundin vor.
Ich bin ...
Das ist ...

Hallo und tschüs

Wie könnt ihr noch sagen?

buchstabieren

Sagt das Alphabet.
A, B, C ...

Zahlen

Zählt von 0–20.
0, 1, 2, 3 ...

Telefonnummer und Alter

Fragt nach.
Wie ...?

Entschuldigung!

Wir lernen:
Schulsachen | die Klasse vorstellen | Zahlen bis 100
Artikel: *der, das, die* | *mein* und *dein* | Ja-/Nein-Fragen und Antworten | Verbformen: *du hast, du lernst …*

Lernst du Deutsch?

1 **Meine Schulsachen. Wie sagt man das auf Deutsch?**

a **Wie heißen die Sachen?**

das Buch das Heft die CD das Handy

der Bleistift die Brille der Rucksack der Radiergummi der Computer

 b **Welche Wörter aus 1a hört ihr?**
16

2 **Von wem sind die Sachen?**

a **Die Brille ist von … Was glaubt ihr?**

> die Brille
> das Handy
> der Rucksack
> der Radiergummi
> das Heft

Die Brille ist von …

Pia

Paul

Frau Müller

 b **Hört zur Kontrolle.**
17

3 Typisch deutsch: *der, das, die*

 Macht eine Tabelle im Heft. Schreibt die Wörter aus Aufgabe 1 in die Tabelle.

der	das	die
Bleistift, ...	Buch, ...	...

Achtung:
der, das, die
ist wichtig!

4 Wörter im Plural

a Wie heißt der Singular?

die Bücher

das ...

die Lehrerinnen • die Bücher • die CDs
die Rucksäcke • die Computer
die Schüler • die Brillen • die Hefte
die Handys • die Hunde
die Radiergummis • die Bleistifte

b Sortiert die Wörter. Macht eine Tabelle an der Tafel.

Singular	Plural
der Bleistift	die Bleistifte
das Heft	die Hefte
die ...	...

Lernt Singular und Plural immer zusammen!

5 Das Buch – die Bücher! Die Bleistifte – der ...?

▸LHB **Spielt zusammen im Klassenzimmer.**

Schreibt für jedes Wort aus 4a zwei Karten: eine Karte für das Wort im Singular (der, das, die ...), eine Karte für das Wort im Plural (die ...). ● Mischt alle Karten. ● Alle ziehen eine Karte. ● Welche Karten passen zusammen?

das Buch

das Buch

die Bücher

die Bücher

Singular	Plural
der Bleistift	**die** Bleistifte
das Buch	**die** Bücher
die Brille	**die** Brillen

6 Nadja und Robbie

a Hört den Dialog. Findet Nadja Robbie nett?

Ja.

Nein.

Ich weiß nicht.

b Was antwortet Nadja? Sortiert an der Tafel. Schreibt den Dialog dann ins Heft.

Nein. • Ja. • Hm, nö. • Ja. • Ja. • Na klar! • Puhhh ... 2-7-3-9-4-8.

1. Ist deine Schultasche schwer?
2. Lernst du Englisch?
3. Hast du ein Handy?
4. Wie ist deine Telefonnummer?

5. Magst du Musik?
6. Kennst du Robbie Williams?
7. Kennst du meine Band schon?

c Hört noch einmal zur Kontrolle.

du
du lern**st**
du ha**st**
du mag**st**
du kenn**st**

7 Lernst du Deutsch?

a Hört auf die Satzmelodie.

1. Lernst du Deutsch? ↗
2. Magst du Musik? ↗
3. Kennst du Robbie Williams? ↗

Du lernst Deutsch. ↘
Du magst Musik. ↘
Du kennst Robbie Williams. ↘

b Hört noch einmal den Dialog von Nadja und Robbie aus Aufgabe 6a. Wo hört ihr ↗?

8 Viele Fragen
Übt zu zweit.
Lest den Dialog von Nadja
und Robbie (Aufgabe 6b) laut.

Ist deine Schultasche
schwer?

Lernst ...?

...

Ja-/Nein-Fragen
Ist deine Schultasche schwer? – Nein.
Lernst du Englisch? – Ja.

9 **Ist das deine Katze?**

20

a **Seht die Bilder an und hört die Dialoge. Was passt zusammen?**

1. ● Wow, wer ist das?
   ○ Das ist meine Deutschlehrerin.
   ● Deine Deutschlehrerin???

2. ● Was ist das? Deine Katze?
   ○ Meine Katze? Das ist mein Hund!
   ● Dein Hund? Dein Hund? Ha, ha, haaa!

3. ○ Sind das deine Schuhe?
   ● Ja, das sind meine Sportschuhe.
     Cool, was?
   ○ Hmhm. Ja, die sind okay.

4. ○ Ist das dein Freund?
   ● Mein Freund? Quatsch!
     Das ist … äh … das ist Paul.

b **Lest und spielt die Dialoge.**

> Das ist … /
> Das sind …

> Ist das …? /
> Sind das …?

10 *Mein und dein, meine und deine*

a **Lest die Wörter. Macht die Bücher zu. Schreibt zusammen alle Wörter an die Tafel.**

die Freunde, die Freundin, der Hund,
das Handy, die Schultasche, die Lehrerinnen,
das Buch, der Bleistift, die Brille, die Schuhe,
der Computer, das Heft, die Telefonnummern

mein/dein

der	mein/dein Hund
das	mein/dein Handy
die	mein**e**/dein**e** Lehrerin
die	mein**e**/dein**e** Schuhe

▸LHB **b** **Schreibt die Wörter von der Tafel auf Karten. Spielt mit den Karten. Die Wörter an der Tafel helfen.**

> Ist das deine
> Schultasche?

> Nein, das ist
> mein Hund.

> Du bist dran.

11 Der Zahlen-Rap. Wie heißen die Zahlen von 0 bis 20?
Macht in der Klasse Zahlen-Raps.

12 Die Zahlen von 20 bis 100

 a Hört die Zahlen und lest mit.

21

21 33 49 50 56 65 78 87 95 100

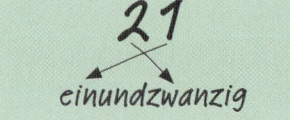

21
einundzwanzig

 b Sortiert die Zahlen und schreibt sie ins Heft wie im Beispiel.

einundzwanzig • fünfundneunzig • hundert • fünfzig
achtundsiebzig • siebenundachtzig • fünfundsechzig
dreiunddreißig • sechsundfünfzig • neunundvierzig

21: einundzwanzig,
33: drei...

c Zahlen von 20 bis 100.
Macht zusammen eine
Tabelle an der Tafel und
im Heft.

20 → zwanzig
30 →
40 →
50 →
60 →
70 →
80 →
90 →
100 →

13 Meine Klasse

 a Hört den Text. Wie heißen die Zahlen? Schreibt die Zahlen ins Heft.

22

1. Ich gehe in die Sokrates-Schule. In die Klasse 🐾a.
2. Wir sind 🐾 Jungen und 🐾 Mädchen.
3. Ich habe 🐾 Stunden Unterricht pro Woche.
4. Ich lerne 🐾 Sprachen: Deutsch und Englisch.
5. Ich habe 🐾 Lehrer und 🐾 Lehrerinnen.

b Lest den Text mit Zahlen.

 c Und deine Klasse? Schreib einen Text.

Ich gehe in die ...-Schule. Ich gehe in die Klasse ...

Kannst du das schon?

der, das, die

- der Radiergummi | der Computer | der Bleistift | der Schüler
- das Handy | das Buch | das Heft
- die Brille | die Schultasche | die CD | die Lehrerin

der, das, die

Nennt möglichst viele Wörter mit Artikel.

Plural

- die Radiergummis | die Computer | die Bleistifte | die Schüler |
  die Bücher | die Handys | die Hefte | die Brillen | die Schultaschen |
  die CDs | die Lehrerinnen

Plural

Wie heißt der Plural?

mein und dein

- mein Hund, mein Handy, meine Klasse, meine Schuhe
- dein Hund, dein Handy, deine Katze, deine Schulsachen

mein und dein

Nennt drei Beispiele.

Ja-/Nein-Fragen

- ● Ist das dein Hund? ○ Nein, das ist meine Katze!
  ● Sind das deine Schuhe? ○ Ja, das sind meine Schuhe.
- ● Ist die Brille von Paul? ○ Nein! Die Brille ist von Frau Müller.
- Lernst du Englisch? | Hast du ein Handy? | Magst du Musik? |
  Kennst du meine Band schon?

Ja-/Nein-Fragen

Stellt viele Fragen.
Ist das ...? Sind das ...?
Ist ... von ...?
Lernst ...? Hast ...?
Magst ...? Kennst ...?

Wie ist was?

- Findet Nadja Robbie nett?
- Ist deine Schultasche schwer?
- Meine Sportschuhe sind cool, was?

Wie ist was?

Macht Sätze mit *nett*, *schwer* und *cool*.

Meine Klasse vorstellen

- Ich gehe in die ...-Schule.
  Ich gehe in die Klasse 7a.
  Ich habe 30 Stunden Unterricht pro Woche.
  Ich lerne Deutsch und Englisch.

Meine Klasse vorstellen

Macht Sätze.

Zahlen von 20 bis 100

- 20 zwanzig, 21 einundzwanzig, 22 zweiundzwanzig,
  23 dreiundzwanzig, 24 vierundzwanzig, 25 fünfundzwanzig,
  26 sechsundzwanzig, 27 siebenundzwanzig, 28 achtundzwanzig,
  29 neunundzwanzig
- 30 dreißig, 31 einunddreißig ...
- 40 vierzig, 50 fünfzig, 60 sechzig, 70 siebzig, 80 achtzig,
  90 neunzig, 100 hundert

Zahlen

Zählt von 20–100.
20, 21, 22 ...
30, 40, 50 ... 100

- Wow! | Na klar! | Hm. | ... äh ...
- Wie sagt man das auf Deutsch?
- Ich weiß nicht.
- Du bist dran!

Wow!

3

Wir lernen:
Länder | Produkte | sich im Chat vorstellen
Woher? – aus ... | Wo? – in ... | Artikel: ein/eine | kein/keine | Verbformen: kommen

Ich komme aus ...

1 Länder

a Hört die Ländernamen und sprecht nach.

23

> Japan • Deutschland • Brasilien • die Ukraine
> Finnland • Kenia • Italien • Griechenland • die USA
> England • Polen • die Türkei • Australien
> Spanien • Österreich • die Schweiz • Bulgarien

Achtung:
die Schweiz!

Ländernamen mit Artikel
die Türkei, **die** Ukraine,
die Schweiz, **die** USA

b Hört die Dialoge. Welche Länder hört ihr?

24

c Sammelt Länder in der Klasse.

d Fragt in der Klasse und ratet.

(J) (CH) (I) (BR) (F) (FIN)

(GR) (E) (TR) (D) (A) (UA)

Was ist TR?

Die Türkei!

2 Woher?

Ratet und lest die Antworten laut vor.

1

2

> **Woher?**
> – **aus** Deutschland, **aus** Österreich
> – **aus der** Schweiz, **aus der** Türkei
> – **aus den** USA

3

4

5

6

1. Die Uhren kommen
2. Die Schuhe kommen
3. Wolfgang Amadeus Mozart kommt
4. Die Schokolade kommt
5. Die Sachertorte kommt
6. Die Autos kommen

A aus Deutschland.
B aus Österreich.
C aus der Schweiz.

1C, 2A, 3B, 4C, 5B, 6A

3 Woher kommt ...? Woher kommen ...?

Übt zu zweit.

1. FIN   das Handy
2. TR   die Schuhe
3. CH   die Uhr
4. A   der Radiergummi
5. I   das Auto
6. J   der Computer
7. D   die Bücher
8. E   die Brille

> **kommen**
> Der/Das/Die ... komm**t** aus ...
> Die ... (Plural) komm**en** aus ...

> *Woher kommt das Handy?*

> *Aus Finnland. Woher kommen die Schuhe?*

> *Aus ...*

4 Woher kommst du?

Übt in der Klasse.

▸LHB Alle schreiben ein Land auf ein Kärtchen. Tauscht die Kärtchen. Alle gehen in der Klasse herum und fragen sich gegenseitig.

> *Woher kommst du?*

> *Ich komme aus ...*

> *Ich komme aus Italien. Und du? Woher kommst du?*

> *Woher kommst du?*

5 **Was ist das?**
Sprecht in der Klasse.

1. Ist das ein Fahrrad oder ein Auto?
2. Ist das ein Hund oder eine Katze?
3. Ist das ein Handy oder ein Fotoapparat?
4. Ist das eine Brille oder eine Schere?
5. Ist das ein Fußball oder ein Tennisball?
6. Ist das eine Flasche oder ein Glas?
7. Sind das CDs oder Pizzas?
8. Sind das Tennisschuhe oder Fußballschuhe?

> Nummer 1 ist
> ein Fahrrad.

ein/eine
der Hund → **ein** Hund
das Buch → **ein** Buch
die Flasche → **eine** Flasche

die Schuhe → Schuhe

6 **Das Fahrrad – ein Fahrrad**

a **Macht eine Tabelle an der Tafel.**

die Lehrerin • der Computer • das Heft • die Schüler • der Radiergummi • die Uhr
der Fotoapparat • die Gläser • die Flaschen • die Fahrräder • die Schere • die Fußbälle

der	das	die	Plural
der Computer → ein Computer	das Heft → ein …	die … → …	die Schüler → Schüler
…	…	…	…

▶LHB **b** **Übt mit Gegenständen im Klassenzimmer.**

> Eine Schere.

> Eine Schere, ein Ball.

> Eine Schere, ein Ball, ein Bleistift.

> Eine Schere, ein Ball, ein Bleistift, eine …

7 Pia am Flughafen

 Was bedeuten die Schilder? Ein Satz bleibt übrig.

 1  2 3 4 5

Keine Fotoapparate! • Keine Hunde! • Keine Flaschen!
Keine Handys! • Kein Problem! • Keine Scheren!

Schild 1: Keine Scheren!
Schild 2:

8 Was ist in der Tasche von Pia? Was ist nicht drin?
Was seht ihr? Macht eine Liste an der Tafel.

die Flasche • der Hund
der Fotoapparat • der Tennisball
die Uhr • die Schere • das Handy
das Buch • die Stifte • die Schuhe

kein/keine

der Hund, **ein** Hund	→ **kein** Hund
das Handy, **ein** Handy	→ **kein** Handy
die Flasche, **eine** Flasche	→ **keine** Flasche
die Hunde, Hunde	→ **keine** Hunde

+	–
ein Tennisball	kein Fotoapparat
eine	keine

Da ist ein Tennisball drin! Da sind …

Da ist kein Fotoapparat drin.

9 Das ist doch kein Handy!

  Stimmt das? Hört gut zu.
25

1. Das ist ein Handy.
2. Das ist ein Fotoapparat.
3. Das ist eine Uhr.
4. Das ist eine Flasche.
5. Das ist ein Fußball.
6. Das ist eine CD.

Das ist ein Handy.

Nein, das ist doch kein Handy. Das ist ein Hund.

3

10 Ein Chat

a Lest den Chat. Sind die Sätze 1 bis 3 richtig oder falsch?

1. Toshiba kommt aus Japan.
2. Akimi wohnt in Zürich.
3. Toshiba geht in die 7b.

Satz 1 ist …

Toshiba: Hallo, bist du neu hier?
Akimi: Ja, ich bin neu. „Toshiba" – cooler Name ;-)
Wo wohnst du? In Japan?
Toshiba: Nein, ich wohne in der Schweiz.
Akimi: Wo in der Schweiz?
Toshiba: In Zürich.
Akimi: Echt?! Ich wohne auch in Zürich.
Wie heißt deine Schule?
Toshiba: Albert-Einstein-Gymnasium.
Ich gehe in die Klasse 7b.
Akimi: Du auch?! Philipp, bist du das??? Ich bin Nicoletta!
Toshiba: Wow. Hallo Nicoletta!

Wo?
- **Wo** wohnst du?
- Ich wohne **in** Zürich.
  Ich wohne **in der** Schweiz.

b Lest den Text zu zweit.

11 Wo wohnst du?
Übt zu zweit.

Wo wohnst du?

Ich wohne in Hamburg. Und du?

Deutschland • Österreich • Japan • Schweiz • Türkei • Zürich • Wien
Hamburg • Berlin • Köln • Salzburg • Bern

In …

12 Wer sind Akimi und Toshiba?

26

Hört gut zu. Wie heißen die Antworten? Schreibt ins Heft.

Poststraße 8

13

Philipp

Merkurstraße 27

Zürich

Wie heißt er/sie?
Wo wohnt er/sie?
Wie alt ist er/sie?
Woher kommt er/sie?
Wie ist die Adresse?

Zürich

Schweiz

Griechenland

14

Nicoletta

Chatname Toshiba: Er heißt …

13 f oder w?

27

Hört ihr f oder w? Schreibt die Wörter an die Tafel in eine Tabelle. Sprecht dann nach.

Woche • Finnland • Familienname
wohnen • wo • Flasche • fünf
fragen • Freund • Wolfgang • wie
Fahrrad • wer

ffffff

ww-ww-ww

Finnland

Woche

Kannst du das schon?

das Land, die Länder

– Deutschland | Österreich | Finnland | Italien | Griechenland | Spanien | England | Polen | Kenia | Japan | Brasilien
– *die* Schweiz | *die* Türkei | *die* Ukraine | *die* USA

die Kontinente

– Afrika | Amerika | Asien | Australien | Europa

W-Fragen

– 🔵 Wie heißt sie?
– 🔵 Wie alt ist er?
– 🔵 Woher kommt sie? ⚪ Sie kommt aus Deutschland / aus Österreich / aus **der** Schweiz.
– 🔵 Wo wohnt er? ⚪ Er wohnt in **der** Schweiz.
– 🔵 Wie ist die Adresse?

– 🔵 Was ist das? ⚪ Das ist ein ...
– 🔵 Was ist in der Tasche von Pia? ⚪ Da ist ein Tennisball drin!

der/ein/kein, das/ein/kein, die/eine/keine; Plural: die/–/keine

– der/ein/kein	Fotoapparat Fußball Schuh	die/--/keine Fotoapparate Fußbälle Schuhe
– das/ein/kein	Auto Fahrrad Glas	die/--/keine Autos Fahrräder Gläser
– die/eine/keine	Uhr Schere Flasche	die/--/keine Uhren Scheren Flaschen

– Kein Problem!
– 🔵 Ich wohne auch in Zürich. ⚪ Echt?!

Noch einmal, bitte

das Land, die Länder

Nennt möglichst viele Länder.

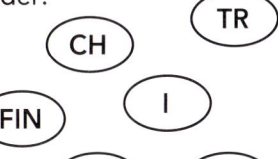

die Kontinente

Wie heißen die fünf Kontinente?

W-Fragen

Stellt Fragen zu einer Person und zu einer Sache.

Wie ...? (Name, Alter Adresse)
Woher ...? (Land)
Wo ...? (wohnen)

Was ...?

der/ein/kein ...

Nennt vier Wörter mit den Artikeln *der/das/die, ein/eine* und *kein/keine.*

Kein Problem!

4

Wir lernen:
Steckbriefe lesen und schreiben | Berufe | ein Interview
Negation mit *nicht* | Modalverb *können* | Verbformen: *wir singen, ihr seid, sie/Sie ...*

Wer bist du?

1 Wer ist denn das?

a Ordnet zu.

Alter: 12

Brigitte Vogelmann, Deutschland.
Heute: Sekretärin

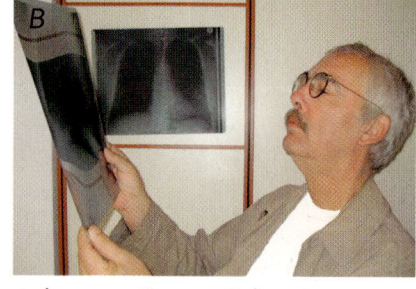

Johannes Bauer, Schweiz.
Heute: Arzt

Alter: 6

Alter: 14

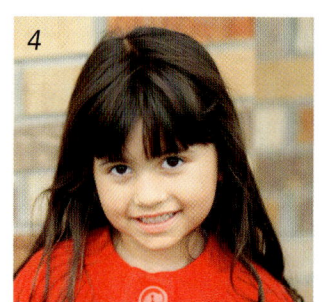

Alter: 6

Kai Hübner, Österreich.
Heute: Lehrer

Sonja Stellfeld, Österreich.
Heute: Sportlerin

Foto 1 und Foto C
passen zusammen.

b Hört die Texte und vergleicht mit euren Lösungen.

28

2 Wie? Woher? Was?
Lest die Informationen zu den Personen.
Stellt Fragen und antwortet in der Klasse.

Wie heißt die Person auf Foto A?   Er/Sie heißt ...
Woher kommt ...?   Sonja Stellfeld kommt aus ...
Was arbeitet ...?   ... ist ... von Beruf.

der Lehrer   die Lehrer**in**
der Arzt   die **Ä**rzt**in**

3 Steckbriefe

a Lest den Steckbrief und ergänzt an der Tafel die Informationen.

Name: Kai Hübner

Alter: 34 Jahre

Adresse: Riedgasse 67, 6020 Innsbruck, Österreich

Telefonnummer: 0512 556 89 71

Beruf: Lehrer

Ich heiße …
Ich bin … Jahre alt.
Meine Adresse ist …
Ich komme aus …
Meine Telefonnummer ist …
Ich bin … von Beruf.

 b Wer bist du? Schreibt eure Steckbriefe.

Name – Alter – Adresse – Telefonnummer

c Hängt eure Steckbriefe im Klassenzimmer auf. Stellt euch in der Klasse vor.

4 Alles falsch!

a Wer bist du nicht? Übt zu zweit.

Ich heiße nicht Kai Hübner. Ich bin nicht … Jahre alt.
Meine Adresse ist nicht …

 **b Name, Alter, Land.
Erfindet Personen und schreibt Mini-Steckbriefe.**

LHB **c Fragt und antwortet wie im Beispiel. Tauscht dann die Mini-Steckbriefe und fragt andere Personen.**

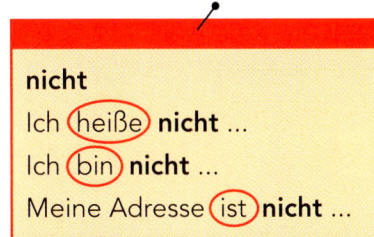

5 Aktivitäten
Was passt zu welchem Bild?

    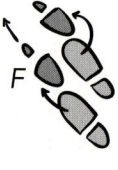 

A   B   C   D   E   F   G

Fußball spielen • singen • Fahrrad fahren • im Internet surfen
kochen • Gitarre spielen • tanzen • schwimmen

H

6 Wer kann was?

29

a Hört zu. Was ist richtig?

Paul Kunze, 14 Jahre

Er kann ...
A tanzen.
B Fußball spielen.
C kochen.

Paul kann Fußball spielen.

Kolja Wagner, 13 Jahre

Er kann ...
A Fußball spielen.
B im Internet surfen.
C Fahrrad fahren.

Kolja kann ...

*Nadja Schmidt, 13 Jahre und
Jannik Schmidt, 5 Jahre*
Sie können ...
A schwimmen.
B Gitarre spielen.
C singen.

*Nadja und Jannik
können ...*

b Wer kann nicht ...? Findet weitere Beispiele.

*Jannik kann
nicht schwimmen.*

Paul kann nicht ...

können: er/sie, sie (Plural)
Er/Sie (kann) (nicht) (singen).
Er/Sie (kann) (nicht) (schwimmen).
Sie (können) (nicht) (tanzen).

7 Was kannst du? Was kannst du nicht?
Sprecht in der Klasse. Die Verben aus Aufgabe 5 helfen.

*Ich kann Fußball spielen.
Und was kannst du?*

*Ich kann singen.
Kannst du singen?*

*Ich kann nicht singen.
Ich kann ...*

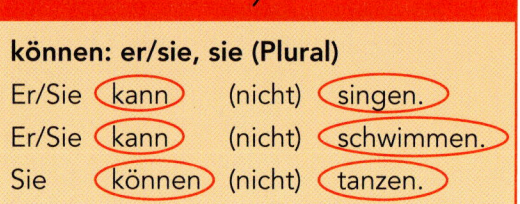

können: ich, du
Ich (kann)   (kochen).
Ich (kann)   nicht   (singen).
Was (kannst) du?
    (Kannst) du (kochen)?

8 Der neue Lehrer: ein Interview

a Lest die Fragen. Versteht ihr alles?

1. Wie heißen Sie?
2. Woher kommen Sie?
3. Wo wohnen Sie?
4. Wie alt sind Sie?
5. Sind Sie verheiratet?
6. Haben Sie Kinder?
7. Können Sie Gitarre spielen?

Kai Hübner

Sie
Wie heiß**en Sie**?
Sind Sie verheiratet?
Könn**en Sie** Gitarre spielen?

b Was antwortet Kai Hübner? Hört das Interview zweimal.
Beantwortet dann die Interviewfragen in der Klasse.

30

- Entschuldigen Sie, bitte.   ○ Ja, bitte.
- Wir haben ein paar Fragen.   ○ Ja, gern.
- Wie heißen Sie?   ○ Ich heiße ...
- Woher ...?   ○ Ich komme aus ...
- Wo ...?   ○ Ich wohne ...
- Und wie alt ...?   ○ Ich bin ...
- Sind Sie ...?   ○ Ja, ich bin ... / Nein, ich bin nicht ...
- Haben Sie ...?   ○ Ja, ich habe ... Kinder. / Nein, ich habe keine Kinder.
- Können Sie ...?   ○ Ja, ich kann ... / Nein, ich kann nicht ...
- Danke.   ○ Bitte. Und wie heißt ihr?

c Spielt Dialoge wie im Beispiel.

9 Informationen

a Sammelt Fragen an der Tafel.

Kannst du ...?   *Wie alt bist du?*   *Hast du ...?*

▸LHB **b Pst! Sag nicht deinen Namen!**

Schreib einen Steckbrief über dich wie in Aufgabe 3b.
– Schreib auch: Ich kann ...
– Sammelt dann alle Steckbriefe ein.
– Zieht einen Steckbrief.
– Dein Partner / Deine Partnerin fragt.
  Du antwortest.
– Sag nicht den Namen. Dein Partner muss raten:
  Welcher Name steht auf deinem Steckbrief?

c Kleb Fotos von dir auf deinen Steckbrief.

10 *st* und *scht*

31

Hört ihr *st* oder *scht*? Schreibt die Wörter in eine Tabelle an die Tafel.

Steckbrief • Was kann**st** du? • Österreich du bi**st** ... • **St**raße • das i**st** ... • Blei**st**ift **St**adt • buch**st**abieren • Au**st**ralien Wie heiß**t** du?

„st" Was kannst du?	„scht" Steckbrief
...	...

11 Unser Deutschunterricht

32

a Hört zu und rappt mit.

1. Lieder – Lieder – Lieder ... Wir singen Lieder.
2. Texte – Texte – Texte ... Wir lesen Texte.
3. Wörter – Wörter – Wörter ... Wir lernen Wörter.
4. Sätze – Sätze – Sätze ... Wir schreiben Sätze.
5. Dialoge – Dialoge – Dialoge ... Wir spielen Dialoge.
6. Spaß – Spaß – Spaß ... Wir haben Spaß.
7. Lustig – lustig – lustig ... Wir sind lustig!

b Lest die Fragen und fragt weiter.

1. Und ihr? Singt ihr auch Lieder?
2. Lest ihr auch Texte?
3. Lernt ...

wir	ihr
Wir sing**en**.	Sing**t** ihr auch?
Wir les**en**.	Les**t** ihr auch?
Wir **sind** lustig.	**Seid** ihr auch ...?
Wir könn**en** ...	Könn**t** ihr auch ...?

12 Im Klassenzimmer

33

a Deutsch im Unterricht. Hört und lest die Sätze. Was sagen die Lehrer? Was sagen die Schüler?

1.
Können Sie das bitte wiederholen?

2.
Kannst du mir den Stift geben?

3.
Habt ihr die Hausaufgaben?

4.
Das verstehe ich nicht.

5.
Zu Hause macht ihr bitte die Aufgaben 2 und 5.

6.
Wie heißt das auf Deutsch?

b Schreibt ein Plakat für die Lehrer und ein Plakat für die Schüler. Ergänzt mit neuen Sätzen. Hängt die Plakate auf, sie helfen beim Sprechen in der Klasse.

Kannst du das schon?

Der Steckbrief

– **Name:** Kai Hübner | Ich heiße Kai Hübner.
 Alter: 34 Jahre | Ich bin 34 Jahre alt.
 Adresse: Riedgasse 67 | Meine Adresse ist: …
 Telefonnummer: 0699 556 89 71 | Meine Telefonnummer ist …
 Beruf: Lehrer | Ich bin Lehrer von Beruf.

Berufe

– der Lehrer, die Lehrerin | der Sportler, die Sportlerin |
 der Sekretär, die Sekretärin | der Arzt, die Ärztin

Wer bist du *nicht*?

– 🔵 Heißt du Maria? ⚪ Nein, ich heiße *nicht* Maria.
– 🔵 Bist du 16? ⚪ Nein, ich bin *nicht* 16.
– 🔵 Kommst du aus der Schweiz?
 ⚪ Nein, ich komme *nicht* aus der Schweiz.

Aktivitäten

– Fußball spielen | singen | Fahrrad fahren | im Internet surfen |
 kochen | Gitarre spielen | tanzen | schwimmen
– 🔵 Was kannst du? ⚪ Ich kann Fußball spielen. Und was kannst du?
 ⚪ Ich kann singen. Kannst du singen? 🔵 Ich kann nicht singen. Ich
 kann …
– Nadja kann schwimmen. Jannik kann nicht schwimmen. Sie können
 singen. Sie können nicht Gitarre spielen.

Der neue Lehrer: ein Interview

– Wie heißen Sie? | Wie alt sind Sie? | Woher kommen Sie? |
 Wo wohnen Sie? | Sind Sie verheiratet? | Haben Sie Kinder? |
 Können Sie Gitarre spielen? | Können Sie tanzen?

Deutschunterricht

– das Lied, Lieder | Wir singen Lieder. Singt ihr auch?
– der Text, Texte | Wir lesen Texte. Lest ihr auch?
– das Wort, Wörter | Wir lernen Wörter.
– der Satz, Sätze | Wir schreiben Sätze.
– der Dialog, Dialoge | Wir spielen Dialoge.
– der Spaß | Wir haben Spaß. Habt ihr auch Spaß?
– lustig | Wir sind lustig! Seid ihr auch lustig?

Deutsch im Unterricht

– Können Sie das bitte wiederholen? | Wie heißt das auf Deutsch? |
 Kannst du mir den Stift geben? | Das verstehe ich nicht.
– Habt ihr die Hausaufgaben? | Zu Hause macht ihr bitte Aufgabe …

– 🔵 Entschuldigen Sie, bitte. ⚪ Ja, bitte.
– 🔵 Wir haben ein paar Fragen. ⚪ Ja, gern.
– 🔵 Danke. ⚪ Bitte.

Noch einmal, bitte

Der Steckbrief

Was steht auf deinem Steckbrief?

Berufe

Nennt möglichst viele Berufe.

Wer bist du *nicht*?

Fragt und antwortet.

Aktivitäten

Was kannst du?
Was kannst du nicht?

Was können Nadja und Jannik?

Ein Interview

Stellt Fragen: Name? Alter? Land? Adresse? Verheiratet? Kinder? Können …?

Deutschunterricht

Was macht ihr im Unterricht?
… *singen*, … *lesen*,
… *lernen*, … *schreiben*,
… *spielen*, … *haben*,
… *sein*

Deutsch im Unterricht

Was sagt ihr? Was sagt euer Lehrer/eure Lehrerin?

Ja, bitte.

Grammatikübersicht

Aussagesätze

Position 1	Position 2	
Ich	bin	Paul.
Hanna	kommt	aus der Schweiz.

W-Fragen und Antworten

Position 1	Position 2		Antwort
Wie	heißt	du?	Ich heiße Lukas Löscher.
Wer	ist	das?	Das ist Nora.
Was	ist	das?	Das ist meine Schultasche.
Woher	kommen	die Schuhe?	Die Schuhe kommen aus der Türkei.
Wo	wohnen	Sie?	Ich wohne in Wien, in Österreich.

Ja-/Nein-Fragen und Antworten

Position 1	Position 2		Antwort
Ist	das	dein Buch?	Ja. (Das ist mein Buch.)
Lernst	du	Englisch?	Nein, ich lerne Deutsch.
Findet	Nadja	Robbie nett?	Ich weiß nicht.

Sätze und W-Fragen mit *können*

Position 1	Position 2		Satzende
Ich	kann		schwimmen.
Er	kann	nicht	schwimmen.
Was	kannst	du	kochen?

Verben: Konjugation Präsens

	wohnen	singen	kommen	heißen	lernen	haben	sein	können
ich	wohne	singe	komme	heiße	lerne	habe	bin	kann
du	wohnst	singst	kommst	heißt	lernst	hast	bist	kannst
er/es/sie	wohnt	singt	kommt	heißt	lernt	hat	ist	kann
wir	wohnen	singen	kommen	heißen	lernen	haben	sind	können
ihr	wohnt	singt	kommt	heißt	lernt	habt	seid	könnt
sie	wohnen	singen	kommen	heißen	lernen	haben	sind	können
Sie	wohnen	singen	kommen	heißen	lernen	haben	sind	können

Artikel:

der, das, die		ein, eine		kein, keine	
Singular	**Plural**	**Singular**	**Plural**	**Singular**	**Plural**
der Bleistift	**die** Bleistifte	ein Bleistift	Bleistifte	kein Bleistift	kein**e** Bleistifte
das Heft	**die** Hefte	ein Heft	Hefte	kein Heft	kein**e** Hefte
die Schere	**die** Scheren	ein**e** Schere	Scheren	kein**e** Schere	kein**e** Scheren

● Ist das **ein** Hund?

    ○ Ja, das ist **der** Hund von Pia.
    ○ Nein, das ist **kein** Hund. Das ist eine Katze.

● Ist das **ein** Deutschbuch?

    ○ Ja, das ist **das** Deutschbuch von Paul.
    ○ Nein, das ist **kein** Deutschbuch. Das ist ein Heft.

● Ist das **eine** Lehrerin?

    ○ Ja, das ist **die** Lehrerin von Paul.
    ○ Nein, das ist **keine** Lehrerin. Das ist eine Schülerin.

● Sind das Hunde?

    ○ Ja, das sind **die** Hunde von Frau Klose.
    ○ Nein, das sind **keine** Hunde. Das sind Katzen.

Possessivartikel:

	mein, meine	dein, deine
der Hund **kein Hund**	mein Hund	dein Hund
das Fahrrad **kein Fahrrad**	mein Fahrrad	dein Fahrrad
die Gitarre **keine Gitarre**	mein**e** Gitarre	dein**e** Gitarre
die Schuhe **keine Schuhe**	mein**e** Schuhe	dein**e** Schuhe

Personalpronomen: er/es/sie

der Hund	Das ist Plato. **Er** ist ein Hund.
die Lehrerin	Das ist Frau Müller. **Sie** ist meine Lehrerin.
das Buch	Das ist ein Buch. **Es** ist 100 Jahre alt.
die Schuhe	Das sind meine Schuhe. **Sie** kommen aus Italien.

Präpositionen: von, aus, in

von	Ist das der Computer **von Paul**? Nein, das ist der Computer **von Pia**.
aus	Ich komme **aus Österreich**. Nicoletta kommt **aus der Schweiz**.
in	Alex wohnt **in Deutschland**. Wohnst du **in der Türkei**?

Tipps für die Prüfung

1 Prüfungsteil Hören: Gespräche

a Lest die Aufgabe aus der Prüfung.

> Du hörst **zwei** Gespräche.
> Zu jedem Gespräch gibt es Aufgaben.
> Kreuze an: richtig oder falsch.
> Du hörst jedes Gespräch **zweimal**.
>
> Lies die Sätze 1, 2 und 3.
>
> **1** Monika ist dreizehn Jahre alt.   richtig   *falsch*
>
> **2** Monika geht in die Goethe-Schule.   richtig   *falsch*
>
> **3** Die Lehrerin von Monika heißt Frau Paulsen.   richtig   *falsch*

 b Was sollt ihr in der Prüfung machen?
Ergänzt die Lücken. Schreibt ins Heft.

– Wir hören ... Gespräche.
– Zu jedem Gespräch gibt es ...
– Wir kreuzen an: ... oder ...
– Wir hören jedes Gespräch ...mal.

> *Lest in der Prüfung zuerst die Sätze. Hört dann die Gespräche.*

c Hört das Gespräch und lest mit.

34

> ● *Hallo, ich heiße Monika.*
> ○ *Ich bin Sabine. Wie alt bist du?*
> ● *Ich bin 13 Jahre alt. Und du?*
> ○ *Ich bin 14. Gehst du auch in die Goethe-Schule?*
> ● *Nein. Ich gehe in die Erich-Kästner-Schule.*
> *Meine Lehrerin heißt Frau Paulsen.*

 d Lest die Sätze 1, 2 und 3 noch einmal und schreibt die Lösung ins Heft.

> *1: richtig*
> *2:*

e Hört das Gespräch noch einmal.
Kontrolliert eure Antworten.

> *In der Prüfung kreuzt ihr die Lösung an. Kreuzt zuerst mit Bleistift an. Kreuzt beim zweiten Hören mit Kuli an! Macht es auch so im Arbeitsbuch!*

2 Prüfungsteil Sprechen: Sich vorstellen

a Lest die Aufgabe aus der Prüfung.

Sich vorstellen.

Name?
Alter?
Land?
Wohnort?
Schule?

 b Schreibt Stichwörter über euch ins Heft.

> Name: Tina Schmidt
> Alter: 12 Jahre
> Land: Deutschland
> Wohnort: ...

 c Wie sagt ihr es?
Schreibt Sätze ins Heft.

> Name: Tina Schmidt   Ich heiße Tina Schmidt.
> Alter: 12 Jahre   Ich bin 12 Jahre alt.
> Land: Deutschland   ...
> Wohnort: ...

d Lest eure Sätze vor.

e Stellt euch jetzt vor.
Lest nicht ab!

> Ich heiße Thomas.
> Ich bin 13 Jahre alt und
> ich wohne in Köln, in der
> Poststraße 15. ...

Man spricht Deutsch: in Deutschland, Österreich und der Schweiz

3 Hör mal!

35

Wo ist das? Notiert im Heft.

1. Nordsee, 2. ...

Ostsee

Berlin

Hamburg

Nordsee

DEUTSCHLAND

Wien

Dresden

Salzburg

ÖSTERREICH

München

ALPEN

Zürich

SCHWEIZ

Bern

Wir lernen:
über den Tagesablauf sprechen | Tageszeiten | Uhrzeiten
Verb auf Position 2 | trennbare Verben | *zuerst, dann, danach*

Um sieben Uhr ...

1 Wann? Die Tageszeiten

36

a Hört zu. Welcher Text passt zu welchem Bild?

Am Morgen

A

B

Am Nachmittag

C

D

Am Abend

E

F

Text 1 passt zu F!

b Sprecht über die Bilder.

Am Morgen ...
Am Nachmittag ...
Am Abend ...

kocht Paul Spaghetti.
macht Nadja Hausaufgaben.
besucht Paul Kolja.
steht Paul zu spät auf.
frühstückt Nadja.
ruft Nadja ihre Oma an.

Wann?
am Morgen, am Nachmittag, am Abend

Am Morgen frühstückt Nadja.

2 Wie spät ist es? Die Uhrzeit

37
▶LHB

a Hört zu und sprecht nach.

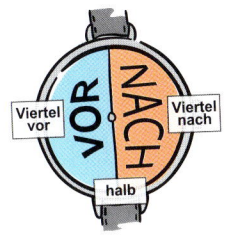

 1. Es ist 6 Uhr.
6 Uhr.

 2. 7 Uhr 15.
Viertel nach 7.

 3. 13 Uhr 20.
20 nach 1.

 4. Es ist 8 Uhr 30.
Halb 9.

 5. 5 Uhr 45.
Viertel vor 6.

 6. 17 Uhr 50.
Es ist 10 vor 6.

b Übt zu zweit. Notiert fünf Uhrzeiten. Fragt und antwortet wie im Beispiel.

Wie spät ist es?

Es ist 10 vor 3.

3 Wann? Um wie viel Uhr?

a Mein Tag: Was sagt Timo? Seht die Fotos an und ergänzt die Sätze.

Um *fünf vor sieben* stehe ich auf.

Um … dusche ich.

Um … gehe ich in die Schule.

Um … mache ich Hausaufgaben.

Um … fahre ich Skateboard.

Um … gehe ich schlafen. Gute Nacht!

b Und du? Was machst du wann? Sprecht in der Klasse.

Verb auf Position 2		
1	**2**	
Ich	dusche	um halb acht.
Um halb acht	dusche	ich.

4 Pia ruft Nadja an.

a Lest die Sätze 1 bis 6. Hört zu. Stimmen die Zeiten?

38

1. Am Mittag koche ich eine Suppe. Alle Sachen sind im Kühlschrank.
2. Heute Abend übe ich Klavier.
3. Um Viertel nach vier hole ich Jannik ab. Er ist im Kindergarten.
4. Danach kaufe ich im Supermarkt ein. Jannik nehme ich mit.
5. Um halb acht lerne ich mit Papa Englisch.
6. Am Nachmittag rufe ich Oma an. Sie hat Geburtstag!

Satz 1 stimmt!

Aber Satz 3 …

b Was schreibt die Mutter von Nadja? Ergänzt die Verben und schreibt den Zettel an die Tafel.

Liebe Nadja,
heute bitte nicht vergessen:
Am Mittag: Suppe koch
Am Nachmittag:
• Hausaufgabe
  und Klavier
• 15.15 Uhr:
  Jannik abho
• im Superma
Am Abend:
• Oma Geburtstag:
• 18 Uhr: mit Papa Englis
Bin bis um 17.00 Uhr im Büro (Tel. ...

Trennbare Verben

an|rufen → Pia ruft Nadja an.
ab|holen → Ich hole Jannik ab.
ein|kaufen → Ich kaufe ein.

5 Mein Merkzettel

a Lest noch einmal den Zettel. Was macht ihr auch? Schreibt einen Merkzettel.

Deutsch lernen   Klavier üben   Sonja anrufen   im Supermarkt einkaufen   …

b Übt zu zweit mit dem Merkzettel.

Ich lerne Deutsch.

Ich kaufe im Supermarkt ein.

6 Was? Wann?
Erzählt in der Klasse.

Ich stehe um 7 Uhr auf.

Am Nachmittag mache ich Sport.

Am Abend übe ich Klavier.

7 Was erzählt Pia?

a Lest und sucht die Fehler. Ihr könnt auch Aufgabe 4a noch einmal hören.

Gehst du heute zu Nadja?

Nö, Nadja hat keine Zeit. Zuerst übt sie Suppe, dann kocht sie Hausaufgaben und macht Klavier. Um Viertel nach drei kauft sie im Kindergarten ein. Danach holt sie Jannik im Supermarkt ab. Und um sechs ruft sie Papa an. Ach so, und danach lernt sie mit Oma Englisch. Sie hat echt keine Zeit!

b Was ist falsch? Schreibt die Sätze richtig ins Heft und vergleicht.

Nadja hat keine Zeit. Zuerst xxx, dann xxx und xxx. Um Viertel nach drei xxx. Danach xxx. Und um sechs xxx. Ach so, und danach xxx. Sie hat echt keine Zeit!

Reihenfolge
Zuerst ...
Dann ...
Danach ...

8 Wer ist das?

a Lest den Text und ratet.

Am Morgen stehe ich um halb sieben auf. Dann dusche und frühstücke ich. Um Viertel nach sieben fahre ich in die Schule. Im Unterricht erkläre ich die deutsche Sprache. Am Mittag kaufe ich im Supermarkt ein. Danach hole ich meine Tochter im Kindergarten ab. Am Nachmittag spielen wir zusammen. Am Abend rufe ich oft eine Freundin an oder ich gehe ins Theater. In der Nacht lese ich gern noch ein Buch. Am Sonntag fahre ich gern Motorrad und da nehme ich oft meine Tochter mit.

Das ist ...

b Wie viele Verben findet ihr im Text? Macht eine Liste an der Tafel.

9 Wo ist der Akzent?

39

a Hört zu und schreibt mit.

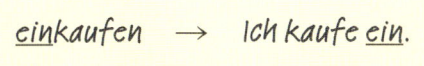
einkaufen → Ich kaufe ein.

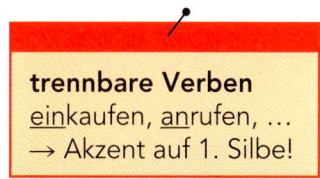
trennbare Verben
einkaufen, anrufen, ...
→ Akzent auf 1. Silbe!

b Hört noch einmal, markiert wie im Beispiel. Sprecht dann selbst.

10 Interviews in der Klasse: Mein Tag

 a Wann machst du was? Schreibt Fragen wie im Beispiel.

▶LHB

frühstücken • anrufen
duschen • abholen
einkaufen • aufstehen
schwimmen
Hausaufgaben machen
in die Schule gehen
kochen • üben
Fußball spielen
tanzen • Karten spielen
lernen • …

Wann stehst du auf?
Wann gehst du in
die Schule?
Was machst du am
Nachmittag?

Uhrzeiten und Tageszeiten
um + Uhrzeit: um acht Uhr
am + Tageszeit: am Morgen

Ich stehe um
7 Uhr auf.

 b Übt zu zweit.
Notiert die Antworten.

Wann stehst du auf?

Um 7 Uhr.

Was machst du am
Nachmittag?

c Stellt euren Partner / eure Partnerin
in der Klasse vor.

Conny steht um 7 Uhr auf.
Um 8 Uhr geht sie in die Schule.
Am Nachmittag …

11 Ein wunderbarer Tag

a Lest den Text von Timo. Warum ist sein Tag wunderbar?

Ein wunderbarer Tag
Am Vormittag gehe ich nicht in die
Schule und ich stehe spät auf.
Dann frühstücke ich Pizza! Und danach
höre ich ganz laut Musik. Am Nachmittag
telefoniere ich ganz lange mit Elvis.
Ich mache keine Hausaufgaben.
Dann spiele ich fünf Stunden Fußball.
Und am Abend tanze ich mit Shakira.
Das ist ein super Tag!
Timo

 b Schreibt einen Text „Mein wunderbarer Tag".

Kannst du das schon?

Tageszeiten

– am Morgen | am Vormittag | am Mittag | am Nachmittag | am Abend | in der Nacht

Uhrzeit/Zeit erfragen

– ● Wie spät ist es? ○ Es ist acht Uhr.

– ● Wann geht Timo in die Schule? ○ Um Viertel vor acht.

Uhrzeiten

– Wir hören/sagen: Wir schreiben:
6 Uhr.   6 Uhr
8 Uhr 30 / halb neun.   8.30 Uhr
7 Uhr 15 / Viertel nach sieben.   7.15 Uhr
5 Uhr 45 / Viertel vor sechs.   5.45 Uhr
9 Uhr 20 / 20 nach 9.   9.20 Uhr
9 Uhr 50 / 10 vor 10.   9.50 Uhr

Verben auf Position 2

– Pos. 1   Pos. 2
Am Nachmittag (lerne) ich   Deutsch.
Ich   (lerne) am Nachmittag   Deutsch.
Um fünf Uhr   (spiele) ich   Fußball.
Ich   (spiele) um fünf Uhr   Fußball.

Trennbare Verben

– einkaufen | abholen | anrufen | aufstehen | mitnehmen

Satzklammer

– Um sieben Uhr {stehe} ich   (auf.)
– Wann   {rufst} du Oma   (an?)

Aktivitäten am Tag

– frühstücken | Oma anrufen | duschen | in die Schule gehen | einkaufen | aufstehen | schwimmen | Hausaufgaben machen | kochen | üben | Fußball spielen | tanzen | Karten spielen | singen | lernen

Reihenfolge

– Zuerst stehe ich auf. Dann frühstücke ich und danach gehe ich in die Schule.

– Gute Nacht!
– Ich habe keine Zeit.

Noch einmal, bitte

Tageszeiten

Nennt drei Tageszeiten.
am ...
in der ...

Uhrzeit/Zeit erfragen

Fragt nach der Uhrzeit.
Fragt, wann Timo in die Schule geht.

Uhrzeiten

Nennt die Uhrzeiten.

Verben auf Position 2

Ergänzt die Sätze:
Am Nachmittag ...
Ich ...
Um fünf Uhr ...

Trennbare Verben

Nennt drei trennbare Verben.

Satzklammer

Schreibt einen Satz mit *aufstehen* oder *anrufen*.

Aktivitäten am Tag

Was macht ihr heute?

Reihenfolge

Macht drei Sätze mit *zuerst – dann – danach*.

Gute Nacht!

Wir lernen:
Wochentage | Schulfächer | über die Schule sprechen
Verb *haben* | *sein* + Adjektiv | Verb + *gern* | Verben mit Vokalwechsel *(fahren, laufen …)* | *unser, euer*

Mein Lieblingsfach ist …

1 **Der Wochentage-Rap – ein Lied**

Hört und lest den Text mehrere Male.
Könnt ihr alle gemeinsam im Rhythmus sprechen?
40

Am Montag habe ich frei! Genau bis um halb drei!
Dann muss ich spazieren gehen, Pia möchte Paul sehen …
Am Dienstag habe ich frei. Genau bis um halb drei!
Dann muss ich spazieren gehen, Pia möchte Paul sehen …
Am Mittwoch habe ich frei! Leider nur bis zwei.
Pia hat heute früher aus – und ich muss raus!
Am Donnerstag habe ich frei! Wieder bis um zwei.
Pia hat heute früher aus – und ich muss heute schon wieder raus!
Am Freitag habe ich frei! Pia kommt um eins nach Haus
und meine Freizeit ist dann aus …
Am Samstag habe ich frei! Den ganzen Tag nur frei!
Pia, die macht heute Sport – doch ich bin nicht dabei!
Am Sonntag habe ich frei! Den ganzen Tag nur frei!
Nadja kommt, holt Pia ab – doch ich bin nicht dabei!

2 **Die Wochentage**

 Schreibt die richtige Reihenfolge ins Heft.
Wer lernt die Wochentage am schnellsten auswendig?

Samstag, **Mo**ntag, **Mi**ttwoch, **So**nntag, **Di**enstag, **Fr**eitag,
Donnerstag

> **Wann?**
> am Montag, am Dienstag,
> am Mittwoch, …
> am Samstag/Sonntag =
> am Wochenende

Montag, …

3 Der Stundenplan von Klasse 7b

Welche Schulfächer hört ihr? Sammelt die Fächer an der Tafel.

41

Uhrzeit	Montag	Raum	Dienstag	Raum	Mittwoch	Raum	Donnerstag	Raum	Freitag	Raum
8.00–8.45	Mathematik		Englisch		Deutsch		Englisch		Biologie	
8.45–9.30	Physik/Chemie		Deutsch		Deutsch		Englisch		Sport	
9.30–10.15	Biologie		Kunst/Musik		Mathematik		Mathematik		Sport	
10.45–11.30	Englisch		Kunst/Musik		Französisch/Latein		Geografie		Mathematik	
11.30–12.15	Geografie		Religion/Ethik		Französisch/Latein		Französisch/Latein		Deutsch	
12.15–13.00	Informatik 1		Geschichte		Physik/Chemie		Geschichte		Informatik 2	

4 Unsere Schulfächer

▶LHB **Übt zu zweit: Der Stundenplan von Klasse 7b und euer Stundenplan.**

- Wann hat die 7b Mathematik?
- Mathe hat die Klasse am Montag, am Mittwoch, am …
  Wann haben wir Mathe?
- Wir haben am …
- Hat die 7b Englisch?
- Ja! Am Montag, am …

haben	
ich hab**e**	wir hab**en**
du ha**st**	ihr ha**bt**
er/es/sie ha**t**	sie/Sie hab**en**

5 Mathe ist doof!

a Hört und lest den Dialog zu zweit.

42

- Mathe ist doof!
- Nein, Mathe ist super! Latein ist langweilig!
- △ Quatsch, Latein ist nicht langweilig! Latein ist wichtig!
- Und Informatik?
- Informatik ist interessant, aber schwer.
- Und Kunst?
- △ Kunst ist schön!

+	−
interessant, leicht, schön, super, wichtig	langweilig, doof blöd, schwer

b Und eure Lieblingsfächer? Was sagt ihr?

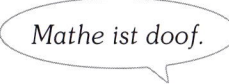

Mathe ist doof.

Nein, Mathe ist nicht doof!

sein + Adjektiv
Mathe **ist** super.
Latein **ist** wichtig.
Kunst und Französisch **sind** schön.

6 Fächer-Hitliste

Macht eine Umfrage in der Klasse. Wie ist eure Hitliste?

Was ist dein Lieblingsfach?

Mein Lieblingsfach ist Deutsch.

Unsere Lieblingsfächer:
Platz 1: Sport
Platz 2: …

6

7 Schule am Nachmittag
Wer geht in welche AG? Wer findet keine AG?

Kamera sucht Stars
Wir suchen junge Talente! Mach bei unserem neuen Filmprojekt mit. Komm am Dienstag um 16 Uhr in Raum 201.

Die Video-AG

GESUND ESSEN!!!
Du isst auch gern gesund? Dann komm in die Koch-AG! Donnerstag um 14 Uhr in der Kantine mit Herrn König.

Magst du Zirkus? Bist du sportlich?
Die Akrobaten und Clowns von morgen kommen jeden Mittwoch um 15.00 Uhr in die Sporthalle.

Die Zirkus-AG

Lust auf Bewegung?
Fußball – Volleyball – Skaten – Laufen
Die Sport-AG triffst du jeden Montag und Freitag von 14.00 bis 16.00 Uhr.

1. Laura fährt gern Rad. → Zirkus-AG

2. Florian trifft gern Freunde. → keine AG

3. Jana macht gern Filme. → …

4. Daniel läuft gern. → …

5. Corinna kocht und isst gern. → …

6. Moritz liest gern. → …

8 Ich lerne gern Deutsch.
Was macht ihr gern? Erzählt in der Klasse.

Ich laufe gern.

Ich auch, und ich fahre gern Skateboard.

Ich treffe gern Freunde.

Verb + gern
Corinna kocht gern.
Ich kaufe gern ein.
Ich spiele gern Ball.
Was machst du gern?

9 Siehst du gern Filme?

 a Sammelt Fragen. Schreibt dann drei Fragen auf eine Karte. Geht in der Klasse herum und fragt.

> *Isst du gern Pizza?*
> *Triffst du gern Freunde?*
> *Fährst du gern Fahrrad?*

Verben mit Vokalwechsel

ich	laufe	fahre	treffe	lese	esse
du	läufst	fährst	triffst	liest	isst
er/es/sie	läuft	fährt	trifft	liest	isst
wir	laufen	fahren	treffen	lesen	essen
ihr	lauft	fahrt	trefft	lest	esst
sie/Sie	laufen	fahren	treffen	lesen	essen

b Erzählt in der Klasse.

Mona fährt gern Fahrrad. Sie trifft gern Freunde. Sie isst nicht gern Pizza …

10 Nadja und Robbie

a Lest die Sätze und dann den Text. Nur ein Satz ist richtig!

1. Nadja und Robbie gehen in die Koch-AG.
2. Robbie isst gern gesund.
3. Nadja läuft am Freitag.
4. Nadja trifft Robbie am Mittwoch und am Freitag.
5. Nadja und Robbie essen zusammen Hamburger.

Nadja isst gern gesund und sie kocht gern. Am Donnerstag geht sie in die Koch-AG. Robbie kommt nicht mit. Er trifft gern Freunde. Zweimal pro Woche geht er auch in AGs: Am Mittwoch singt er und am Freitag läuft er.
Nadja schreibt eine SMS: „Du hast nie Zeit für mich!" Robbie liest die SMS von Nadja. Er schreibt: „Quatsch! Ich habe Zeit! Donnerstag um zwei?"
Jetzt geht Nadja nicht mehr in die Koch-AG. Jeden Donnerstag um zwei trifft sie Robbie und sie essen Hamburger.

 b Du bist Nadja und sprichst mit Robbie. Schreibt den ersten Absatz aus Aufgabe 10a neu.

▸LHB

> *Ich esse gern gesund und ich …*
> *Du kommst nicht mit. Du …*

11 Lange und kurze Vokale

 Hört die Wörter. Übt dann zu zweit. Kontrolliert die Aussprache in der Klasse.

43

1. treffen – lesen
2. trifft – liest
3. sehen – essen
4. sieht – isst
5. haben – hat – Fahrrad
6. Sonntag – Montag – Donnerstag
7. Kunst – wie viel Uhr
8. frühstücken

6

12 Unsere Schule – eure Schule

a Svenja und Oli erzählen. Zu welchen Sätzen gibt es ein Bild?

1. Hallo, wir sind Svenja und Oli! Das ist unsere Schule. Sie ist neu. Wir gehen gern in unsere Schule. Und wie ist eure Schule? Ist sie alt oder neu?
2. Unser Klassenzimmer ist klein (schnüff ☹), aber schön (☺). Wie ist euer Klassenzimmer?
3. Unsere Lehrer sind okay. Und eure Lehrer? Sind sie nett oder doof, interessant oder langweilig?
4. Unser Sportplatz ist groß. Und euer Sportplatz? Ist er groß oder klein?
5. Unser Kunstlehrer ist super! Ach ja, unsere Lateinlehrerin ist wichtig: Sie ist die Schuldirektorin.
6. Und Herr Maier ist auch wichtig! Er ist unser Hausmeister. Er ist total nett und alle haben ihn gern ...

b Schreibt zu zweit eine E-Mail an Svenja und Oli mit den Sätzen aus 12a.

Hallo! Wir sind ...
Unsere Schule ist ...
...

unser, euer

der Sportplatz	→ unser/euer Sportplatz
das Klassenzimmer	→ unser/euer Klassenzimmer
die Schule	→ unsere/eure Schule
die Lehrer (Plural)	→ unsere/eure Lehrer

Kannst du das schon?

Wochentage

– Montag | Dienstag | Mittwoch | Donnerstag | Freitag | Samstag | Sonntag

Schulfächer

– Mathematik | Physik | Chemie | Biologie | Englisch | Geografie | Musik | Deutsch | Ethik | Kunst | Religion | Geschichte | Französisch | Sport | Informatik | Latein

– Arbeitsgruppen
  Die Video-AG ist am Dienstag um 16 Uhr.

Mein Stundenplan

– ● Wann habt ihr Sport? ○ Wir haben am Dienstag um 8 Uhr Sport.
– ● Wann hast du Englisch? ○ Am Montag, am Dienstag und ...
– ● Hast du Musik oder Kunst? ○ Ich habe ...
– ● Wann hast du frei? ○ Am Wochenende habe ich frei.

haben

– ich habe, du hast, er/es/sie hat
  wir haben, ihr habt, sie/Sie haben

sein + Adjektiv

– ● Bio ist doof! ○ Nein, Bio ist super!
– Kunst und Französisch sind schön.
– ● Latein ist langweilig! ○ Nein, Latein ist wichtig.

– interessant, wichtig, nett, schön, super – blöd, doof, langweilig
– alt – neu | groß – klein | schwer – leicht

Verb + gern

– Ich lerne gern Deutsch.
– Laura fährt gern Rad. Florian trifft gern Freunde. Moritz liest gern.
– Nadja und Robbie essen gern Hamburger.

unser – euer

– Unser Klassenzimmer ist klein. Wie ist euer Klassenzimmer?
– Unsere Lehrer sind okay. Und eure Lehrer?
– Unser Sportplatz ist groß. Und euer Sportplatz?

– ● Du hast nie Zeit! ○ Quatsch! Ich habe Zeit!
– Er ist total nett!

Noch einmal, bitte

Wochentage

Nennt die Wochentage.

Schulfächer

Nennt möglichst viele Schulfächer.

Mein Stundenplan

Wann habt ihr Sport? Stellt Fragen zum Stundenplan.

haben

Wie heißen die Verbformen von *haben*?
Ich habe, du ...

sein + Adjektiv

Wie findet ihr die Fächer?
Bio ist ...
Kunst und Französisch sind ...

Verb + gern

Wer macht was gern?

unser – euer

Beschreibt eure Schule und stellt Fragen zur Schule von anderen.

Quatsch!

7

Wir lernen:
sich verabreden | über Hobbys sprechen | sagen, was man will
Verben: *wollen, müssen* | du-Imperativ

Kommst du mit?

1 **Wer macht was?**

a **Was passt zu welchem Bild?**

A Hausaufgaben machen   B ins Kino gehen   C fernsehen
D trainieren   E das Auto waschen   F in den Alpen wandern

b **Hört die Dialoge. Wer will was machen? Wer muss was machen? Ergänzt die Sätze mit den Wörtern aus Aufgabe 1a.**

44

wollen	müssen
1. Paul will ...	4. Der Opa von Paul muss ...
2. Frau Müller will ...	5. Nadja muss ...
3. Jannik will ...	6. Kolja muss ...

2 Ich muss Hausaufgaben machen.

44

**a Was passt zusammen? Hört noch einmal den Text aus Aufgabe 1b.
Lest die Sätze richtig vor.**

1. Paul will mit Pia ins Kino gehen, aber
2. Jannik will fernsehen, aber
3. Robbie will Nadja treffen, aber
4. Nadja muss ins Schwimmbad gehen, aber
5. Kolja will mit Robbie Fußball spielen, aber

A er muss schlafen gehen.
B sie muss mit Plato spazieren gehen.
C sie hat keine Lust.
D er muss Hausaufgaben machen.
E sie muss trainieren.

b Wer sagt was?

1. Paul sagt: „Ich 🐾 ins Kino!"
2. Pia sagt: „Ich 🐾 mit Plato spazieren gehen."
3. Frau Müller sagt: „Ich 🐾 in den Alpen wandern."
4. Jannik sagt: „Ich 🐾 fernsehen."
5. Opa sagt: „Ich 🐾 das Auto waschen."
6. Nadja sagt: „Ich 🐾 ins Schwimmbad gehen."

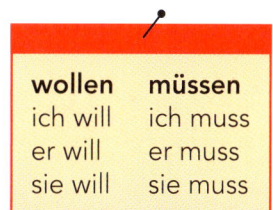

wollen	müssen
ich will	ich muss
er will	er muss
sie will	sie muss

3 Ich muss? Ich will!

Ergänzt die Lücken. Schreibt den Text ins Heft.

1. Am Morgen ... ich um 7 Uhr aufstehen.
2. Ich ... aber lange schlafen.
3. Mein Vater sagt, ich ... in die Schule gehen.
4. Aber ich ... nicht!!!
5. Ich ... den ganzen Tag Gitarre spielen.
6. Aber ich ... Hausaufgaben machen.
7. Meine Mutter sagt, ich ... mein Zimmer
   aufräumen.
8. Ich ... jetzt meine Freunde treffen,
   aber ich ... die Übung machen!!!
   Aber jetzt bin ich fertig!!!

4 Er und sie – Was ist Liebe?

Lest und schreibt das Gedicht weiter.

Ist das Liebe?
Er will Fußball spielen.
Sie will ein Buch lesen.
Er will ins Kino gehen.
Sie will fernsehen.
Sie muss trainieren.
Er will Eis essen.
Sie muss ...

wollen und müssen im Satz

Er (will) Fußball (spielen.)
Sie (muss) (trainieren.)

5 Kommst du mit?

45

a Hört zu und lest mit. Übt dann die Dialoge.

A

- ● Kommst du heute Abend mit ins Konzert?
- ○ Wer spielt?
- ● Robbie und seine Band.
- ○ Toll, wann fängt das Konzert an?
- ● Um 20 Uhr.
- ○ Super. Ich komme mit.

B

- ● Kommst du heute Abend mit ins Konzert?
- ○ Wer spielt?
- ● Robbie und seine Band.
- ○ Nein, ich habe keine Lust.
- ● Warum kommst du denn nicht?
- ○ Die Musik ist langweilig.

b Deckt Aufgabe 5a zu. Spielt die Dialoge.

A

- ● Konzert?
- ○ Wer?
- ● Band.
- ○ Wann?
- ● 20 Uhr.
- ○ Super!

B

- ● Konzert?
- ○ Wer?
- ● Band.
- ○ Nein.
- ● Warum?
- ○ Langweilig.

6 Verabredungen

 Übt zu zweit. Wählt Fragen und Antworten aus. Macht Minidialoge. Lest sie dann in der Klasse vor.

> ?
> Hast du am Mittwoch Zeit? ● Willst du in die Disco gehen? ● Was machst du am Samstag um fünf? ● Willst du heute zu mir kommen? ● Ich gehe ins Kino. Kommst du mit?

> ☺
> Ja, toll! ● Ja, gern! Wann? Klar, um wie viel Uhr? Oh ja, super!
>
> ☺
> Vielleicht. Wann? Ich weiß nicht.
>
> ☹
> Nein, keine Zeit. ● Das geht nicht, schade. Tut mir leid, heute nicht. ● Nein, ich habe keine Lust. ● Ich kann leider nicht kommen.

7 Ich habe leider keine Zeit.
Du willst/kannst nicht mitkommen. Was sagst du?

> Kommst du mit?

> Ich habe leider keine Zeit. Ich ...

1. spielen | Ich | Tennis| will | .
2. Klavier | muss | üben | . | Ich
3. muss | mein Fahrrad | . | reparieren | Ich
4. Ich | mein Zimmer | aufräumen | muss | .
5. kochen | will | Spaghetti | . | Ich | heute Abend
6. im Internet | will | Ich | . | surfen

8 Kommst du morgen mit ins Kino?

▶LHB **Geht in der Klasse herum. Spielt Dialoge mit verschiedenen Partnern. Der Kasten aus Aufgabe 6 hilft.**

9 Hobbys

Hobby-Pantomime. Spielt die Hobbys. Die anderen raten.

Freunde besuchen • reiten 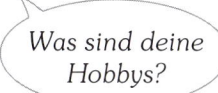 • Flugzeuge basteln

im Internet surfen • fernsehen • im Schulcafé arbeiten

Klavier spielen • Fahrrad fahren

Sport machen • Aufkleber sammeln

> *Reitest du?*

10 Die Hobby-Statistik

a Habt ihr ein Hobby? Sprecht in der Klasse.

> *Was sind deine Hobbys?*

> *Mein Hobby ist …*

> *Ich fahre gern Fahrrad.*

> *Spielst du gern Tennis?*

b Macht eine Hobby-Statistik in der Klasse.

> *Musik hören ШΙΙ*
> …

11 Meine Hobbys

a Lest die Steckbriefe. Was macht ihr auch? Was macht ihr nicht?

Lukas

Ich mache viel Sport: Ich spiele Tennis und ich fahre Fahrrad. Ich sammle Aufkleber von Sportlern. Am Wochenende besuche ich meine Freunde und wir gehen in die Disco.

Nora

Ich spiele Gitarre in einer Band und wir üben jedes Wochenende. Wir wollen jetzt eine CD machen. Ich singe auch. Ich sehe gern fern und ich gehe auch gern ins Kino.

Julia

Meine Hobbys sind Reiten und Schwimmen. Am Wochenende schlafe ich gern lang. Ich stehe erst um 10 Uhr auf! Und ich lese gern.

Alex

Jeden Montag arbeite ich drei Stunden im Schulcafé. Ich mache Tee und Kakao, aber ich kann auch Schokoladenkuchen machen. Ich surfe gern im Internet. Und ich spiele Fußball.

b Schreib einen Steckbrief über dich und deine Hobbys.

12 Beeil dich!

a Hört die Nachrichten auf dem Anrufbeantworter.
Wie viele Personen rufen an?

46

b Wer ruft an? Was notiert Paul?
Schreibt seinen Notizzettel ins Heft.

> Pia • Kolja
> Mama • Robbie
>
> Komm mit! • Mach das Essen warm! • Ruf Opa an! • Fahr endlich los!
> Räum dein Zimmer auf! • Komm sofort! Und beeil dich!
> Kauf ein, hörst du? • Geh ans Telefon!

> 1. Mama: Essen warm machen, Zimmer aufräumen, …
> 2. Pia: …

c Was sagen Eltern? Ergänzt die richtigen Formen an der Tafel und im Heft.

> 1. einkaufen → Kauf ein!
> 2. Hausaufgaben machen →
> 3. aufräumen →
> 4. aufstehen →
> 5. Klavier üben →
> 6. Jannik abholen →
> 7. Mathe lernen →
> 8. Fenster aufmachen →

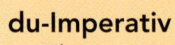
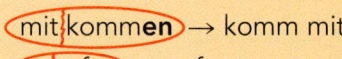

du-Imperativ

mach**en** → mach   mit komm**en** → komm mit

geh**en** → geh   an ruf**en** → ruf an

komm**en** → komm

13 Ruf mich an, komm mit, …

a Welche Sätze klingen freundlich?

47

1. A Bitte mach die Hausaufgaben!
   B Mach die Hausaufgaben!
2. A Kauf ein!
   B Kauf bitte ein!
3. A Komm mit!
   B Komm mit, bitte!
4. A Steh endlich auf!
   B Steh endlich auf, bitte!
5. A Ruf sofort Opa an!
   B Bitte ruf sofort Opa an!

b Hört noch einmal und achtet auf die Melodie.
Sprecht die Sätze nach.

c Kombiniert die Sätze aus Aufgabe 12b
mit „bitte" und sprecht sie laut.

Bitte!

Kannst du das schon?

wollen und müssen

– Ich	will	ins Kino	gehen.
Robbie	will	mit seiner Band	üben.
Du	willst	ins Schwimmbad	gehen.
Ich	muss	mein Zimmer	aufräumen.
Du	musst	Gitarre	üben.
Nadja	muss	heute	trainieren.

sich verabreden

– ● Kommst du mit zum Konzert?
○ Wer spielt?
● Robbie und seine Band.
○ Wann fängt das Konzert an?
● Um 20 Uhr.
○ Super. Ich komme mit. / Nein, ich habe keine Lust/Zeit.

Verabredungen

– ☺	☺	☹
Ja, toll!	Vielleicht.	Nein, keine Zeit.
Klar!	Ich weiß nicht.	Tut mir leid, heute nicht.
Oh ja, super!		Ich habe keine Lust.
Ja, gern!		Ich kann leider nicht kommen.

Hobbys

– Freunde besuchen | reiten | Flugzeuge basteln | im Internet surfen |
fernsehen | im Schulcafé arbeiten | Klavier spielen | Fahrrad fahren |
Sport machen | Aufkleber sammeln | schwimmen

du-Imperativ

– Komm mit! | Beeil dich! | Mach das Essen warm! | Komm sofort! |
Ruf Opa an! | Kauf ein! | Fahr endlich los! | Geh ans Telefon! |
Räum dein Zimmer auf! | Mach deine Hausaufgaben!

– Bitte!
– Steh endlich auf!

Noch einmal, bitte

wollen und müssen

Was willst du?
Was musst du?
Macht je drei Sätze.

sich verabreden

Spielt Dialoge.

● Konzert?
○ Wer?
● Robbie und Band
○ Wann?
● 🕐
○ ☺ / ☹

Verabredungen

Spielt drei Minidialoge wie
im Beispiel:

> *Kommst du mit ins Kino?*

> *Ja, gern!*

Hobbys

Nennt fünf Hobbys.

du-Imperativ

Was sagen Eltern oft?

– *Räum ...!*
– *Mach ...!*
– *...*

> *Bitte!*

8

Wir lernen:
Sprachen | über den Schulweg sprechen | sagen, ohne was man nicht leben kann
Pronomen: *man* | Präpositionen: *mit, ohne* | *deshalb* | *sein, ihr*

Ich spreche Deutsch

Hello!
How are you?

Hallo!
Wie geht's?

Приве́т!
Как дела́?

Merhaba!
Nasılsın?

お元気ですか？

1 **In Deutschland spricht man Deutsch.**

a **Welche Sprachen hört ihr?**

48

> Englisch • Französisch • Japanisch • Russisch • Griechisch
> Deutsch • Türkisch • Italienisch • Polnisch • …

Nummer 1 ist
Türkisch!

Nummer 2 ist
…

b **Was spricht man wo?**

> in den USA • in Frankreich • in Japan • in Russland • in Kanada • in der Türkei
> in Deutschland • in Österreich • in der Schweiz • …

In den USA spricht
man …

Bei uns spricht
man …

man
In Deutschland spricht **man** Deutsch.
In … spricht **man** …

2 Schüler international
Lest die Informationen. Welches Foto auf Seite 56 passt?

Alexey, 13: Er wohnt in Russland, in Moskau. Er spricht Russisch. Er macht gern Computerspiele. Er findet Mathe toll.

Mizuko, 12: Sie wohnt in Tokio. Das ist in Japan. Sie lernt Deutsch und sie spielt Klavier. Sie hat ein Konzert in der Musikschule und sie muss viel üben.

Brian, 14: Er kommt aus Kanada, aus Vancouver. Er spricht Englisch und er lernt Französisch. Er fährt Ski. Er isst gern Hamburger.

Nilgün, 12: Sie kommt aus Söke in der Türkei. Sie hört gern Musik und sie sieht gern fern.

3 E-Mail-Partner gesucht

 a Lest die E-Mail. Notiert Informationen über Nilgün.

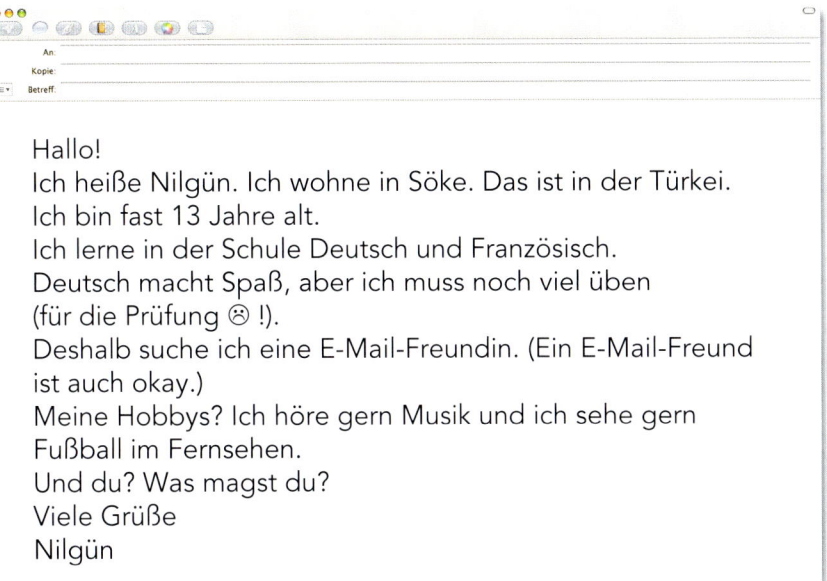

An:
Kopie:
Betreff:

Hallo!
Ich heiße Nilgün. Ich wohne in Söke. Das ist in der Türkei.
Ich bin fast 13 Jahre alt.
Ich lerne in der Schule Deutsch und Französisch.
Deutsch macht Spaß, aber ich muss noch viel üben
(für die Prüfung ☹ !).
Deshalb suche ich eine E-Mail-Freundin. (Ein E-Mail-Freund
ist auch okay.)
Meine Hobbys? Ich höre gern Musik und ich sehe gern
Fußball im Fernsehen.
Und du? Was magst du?
Viele Grüße
Nilgün

– Name: Nilgün
– Wohnort:
– ...

 b Ihr sucht eine E-Mail-Partnerin oder einen Partner. Schreibt eine E-Mail und stellt euch vor. Hängt eure Mails im Klassenzimmer auf. Wer passt zusammen?

4 Mit Punkten oder ohne?
Hört zu und zeigt den richtigen Buchstaben.

a ü oder u?
49
1. T_rkei
2. Sch_le
3. _ben
4. M_sik
5. F_ßball
6. Gr_ße

b ö oder o?
50
1. Franz_sisch
2. P_lnisch
3. _sterreich
4. t_ll
5. w_hnen
6. h_ren

c Hört noch einmal und sprecht die Wörter aus 4a und 4b nach.

5 **Wie kommst du in die Schule?**

51

a **Hört zu. Wie kommen die Schüler in die Schule? Welches Bild passt?**

Brian • Alexey • Tom • Mizuko • Nilgün

1
mit dem Auto

2
zu Fuß

3
mit dem Fahrrad

4
mit dem Zug

5
mit der U-Bahn

b **Hört noch einmal. Wer sagt das?**

A Das dauert ungefähr eine Stunde hin und zurück.
B Meine Freundinnen und ich, wir gehen zusammen.
C Es gibt keinen Bus, deshalb fahre ich mit dem Auto in die Schule.
D Ich bin erst 12, aber ich fahre schon lange alleine mit dem Zug.
E Viele Freunde aus meiner Klasse fahren auch mit dem Fahrrad.

c **Wie kommt ihr in die Schule? Erzählt in der Klasse.**

Ich fahre mit dem Bus.

Ich fahre mit dem Zug. Das dauert eine halbe Stunde.

Ich gehe zu Fuß. Das dauert ungefähr 20 Minuten.

> **mit ... / zu ...**
> **mit** dem Fahrrad
> **mit** dem Auto
> **mit** dem Zug
> **mit** der U-Bahn
> **zu** Fuß

6 **Rebecca**
Zwei Bilder passen zu dem Text. Welche?

A

B

C

Rebecca, 14: Rebecca lebt auf dem Bauernhof. Sie hat fünf Geschwister: zwei Schwestern und drei Brüder. Die Familie wohnt in den USA, aber sie spricht Deutsch! Warum? Rebecca und ihre Familie sind Amische. Die Amischen kommen eigentlich aus Süddeutschland und der Schweiz. Seit 1700 leben sie in Nordamerika. Dort sind sie noch heute Farmer und sprechen Deutsch. Sie leben ohne Elektrizität, ohne Autos, ohne Maschinen und ohne Telefon. Auch ihre Kleider sehen nicht modern aus. Rebecca geht in die Amischen-Schule – natürlich zu Fuß!

7 Kannst du ohne ... leben?

a Schreibt einen Notizzettel. Überlegt weitere Dinge und notiert eure Antworten.

▶LHB

Ein Leben ...	Ja.	Nein.
1. ... ohne Computer	✓	
2. ... ohne Handy		
3. ... ohne Musik		
4. ... ohne Schokolade		
5. ...		

b Sprecht mit eurem Partner / eurer Partnerin.

Kannst du ohne Musik leben?

Nein, ich kann nicht ohne Musik leben.

> **ohne**
> **ohne** Telefon
> **ohne** Maschinen
> **ohne** Autos

c Erzählt in der Klasse. Ergänzt die Liste aus Aufgabe 7a.

8 Warum? Deshalb.

a Was passt zusammen? Lest vor.

> **deshalb**
> Ich wohne weit weg. Ich fahre mit dem Bus.
> Ich wohne weit weg, **deshalb** fahre ich mit dem Bus.

1. Söke ist eine kleine Stadt,
2. Brian wohnt weit weg von Vancouver,
3. Moskau ist groß,
4. Die Freunde von Tom fahren auch mit dem Fahrrad,
5. Mizuko kommt aus Japan,
6. Rebecca und ihre Familie sind Amische,

A deshalb fährt Alexey eine Stunde hin und zurück.
B deshalb spricht sie Japanisch.
C deshalb geht Nilgün zu Fuß in die Schule.
D deshalb fährt er mit dem Auto in die Schule.
E deshalb haben sie kein Telefon.
F deshalb fährt er nie allein.

b Macht aus zwei Sätzen einen Satz mit *deshalb*.

> Wir kommen aus China.
> Er kommt aus Deutschland.
> Frau Müller gibt keine Hausaufgaben.
> Ich habe ein Konzert.
> Er hat eine Französisch-Prüfung.

> Ich muss viel Gitarre üben.
> Wir sprechen Chinesisch.
> Er lernt Französisch.
> Er spricht Deutsch.
> Sie ist super!

Wir kommen aus China, deshalb ...

8

9 **Alexey und sein ..., Mizuko und ihr ...**

a **Was ist von wem?**

Alexey • Brian • Mizuko • Tom

Das Fahrrad ist von ...

Der Computer ist von ...

Die Ski sind von ...

Das Klavier ist von ...

b **Was passt zusammen?**
Schreibt die Liste an die Tafel.

1. Alexey und sein ...
2. Mizuko und ihr ...
3. Tom und sein ...
4. Brian und seine ...

	sein/seine	ihr/ihre
der Computer	**sein** Computer	**ihr** Computer
das Fahrrad	**sein** Fahrrad	**ihr** Fahrrad
die Schule	**seine** Schule	**ihre** Schule
die Freunde	**seine** Freunde	**ihre** Freunde

10 **Seine Fußballschuhe, ihr Fotoapparat ...**
Was ist von Tom? Was ist von Mizuko?

die Fußballschuhe
der Fotoapparat
die Brille
das Flugzeug
das Handy
die Schulsachen
der Fußball
die Gitarre
der Hund
die Schultasche
der Stundenplan
die Stifte

Das sind seine Fußballschuhe.

Das ist ihr Fotoapparat.

Kannst du das schon?

Noch einmal, bitte

Sprachen

– Deutsch | Englisch | Japanisch | Italienisch | Griechisch | Türkisch | Polnisch | Französisch | Russisch

Sprachen

Nennt möglichst viele Sprachen.

man

– In Deutschland spricht man Deutsch.
– In Australien spricht man Englisch.
– Bei uns spricht man …

man

Was spricht man in …?

mit dem … / zu …

– Ich fahre …
  – mit dem Bus
  – mit dem Auto
  – mit dem Zug
  – mit dem Fahrrad
  – mit der U-Bahn
  … in die Schule.

– Ich gehe **zu Fuß** in die Schule.

mit dem … / zu …

Wie kommt ihr in die Schule?

ohne

– Ich kann ohne Auto leben.
– Ich kann nicht ohne Handy leben.

ohne

Ohne was könnt ihr (nicht) leben?

deshalb

– Mizuko kommt aus Japan, deshalb spricht sie Japanisch.
– Ich habe ein Konzert, deshalb muss ich viel Gitarre üben.

deshalb

Verbindet die Sätze:

Mizuko kommt aus Japan.
Sie spricht Japanisch.

sein/seine

– Alexey und sein Computer
– Tom und seine Gitarre
– Brian und seine Ski

ihr/ihre

– Mizuko und ihr Klavier
– Nilgün und ihre Freundinnen

sein/seine, ihr/ihre

Verbindet:
Alexey – Computer
Mizuko – Klavier
Nilgün – Freundinnen
Tom – Gitarre
Brian – Ski

– ● Wie geht's? ○ Danke, gut.
– Viele Grüße!
– Das dauert eine Stunde.

Viele Grüße!

Grammatikübersicht

Aussagesätze

Position 1	Position 2	
Kolja	(liest)	am Abend ein Buch.
Am Abend	(liest)	**Kolja** ein Buch.

Sätze und W-Fragen mit *wollen* und *müssen*

Position 1	Position 2		Satzende
Ich	(will)	Spaghetti	(kochen.)
Was	(willst)	du	(essen?)
Ich	(muss)	Oma	(anrufen.)
Was	(musst)	du	(lernen?)

Ja-/Nein-Fragen mit *wollen* und *müssen*

Position 1		Satzende
(Wollt)	ihr Eis	(essen?)
(Müsst)	ihr Mathematik	(lernen?)

Sätze mit trennbaren Verben

	Position 1	Position 2		Satzende
(an⟨rufen)	Du	(rufst)	Papa	(an⟨.
(ein⟨kaufen)	Papa	(kauft)	gern im Supermarkt	(ein⟨.

Weitere trennbare Verben: *abholen, anfangen, aufmachen, aufräumen, aufstehen, aussehen, mitkommen, mitmachen, mitnehmen*

Konnektoren: *deshalb, zuerst, dann, danach*

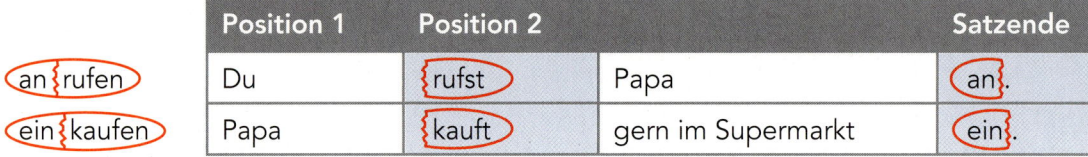

deshalb	Ich wohne weit weg. Ich fahre mit dem Bus. → Ich wohne weit weg, **deshalb** fahre ich mit dem Bus.
zuerst dann danach	Ich stehe auf. Ich dusche. Ich frühstücke. → **Zuerst** stehe ich auf, **dann** dusche ich. **Danach** frühstücke ich.

Verben *wollen*, *müssen* und *haben*: Konjugation Präsens

	wollen	müssen	haben
ich	will	muss	habe
du	willst	musst	hast
er/es/sie	will	muss	hat
wir	wollen	müssen	haben
ihr	wollt	müsst	habt
sie	wollen	müssen	haben
Sie	wollen	müssen	haben

Verben mit Vokalwechsel

	laufen	essen	lesen	treffen	sprechen
ich	laufe	esse	lese	treffe	spreche
du	läufst	isst	liest	triffst	sprichst
er/es/sie	läuft	isst	liest	trifft	spricht
wir	laufen	essen	lesen	treffen	sprechen
ihr	lauft	esst	lest	trefft	sprecht
sie	laufen	essen	lesen	treffen	sprechen
Sie	laufen	essen	lesen	treffen	sprechen

Imperativ

	machen	kommen	an rufen	auf räumen	ein kaufen
du	Mach schnell!	Komm!	Ruf an!	Räum auf!	Kauf ein!

Possessivartikel:

	sein, seine	*ihr, ihre*	*unser, unsere*	*euer, eure*
der Hund / kein Hund	sein Hund	ihr Hund	unser Hund	euer Hund
das Buch / kein Buch	sein Buch	ihr Buch	unser Buch	euer Buch
die Lehrerin / keine Lehrerin	seine Gitarre	ihre Gitarre	unsere Gitarre	eure Gitarre
die Freunde / keine Freunde	seine Freunde	ihre Freunde	unsere Freunde	ihre Freunde

Präpositionen: *mit*

mit	Robbie fährt **mit dem Fahrrad** in die Schule.

Tipps für die Prüfung

1 Prüfungsteil Lesen: Anzeige

a Lest die Überschrift der Anzeige. Überlegt in der Klasse: Für was ist die Anzeige?

Sport mit Freunden

b Lest jetzt die ganze Anzeige. War alles richtig?

> ### Sport mit Freunden
>
> Magst du Sport?
> Dann komm zu uns. Hier kannst du Fußball
> spielen, schwimmen, tanzen und vieles mehr.
> Komm zu uns und mach Sport mit Freunden!
>
> **Nur 15 Euro im Monat!**
>
> Sport-Club 1860 Salzburg
> Wiener-Platz 12
> 5014 Salzburg

c Sucht Antworten auf die Fragen.

– Für was?
– Wo?

> *Die Anzeige ist für ...*

 d Welche Antwort passt zur Anzeige? Schreibt die Lösung ins Heft.

1. Das ist eine Anzeige für	2. Was kann man dort machen?	3. Wo?
a) einen Freunde-Treff.	a) Musik	a) In Düsseldorf
b) einen Sport-Club.	b) Hausaufgaben	b) In Wien
c) einen Fußballplatz.	c) Sport	c) In Salzburg

1. Das ist eine Anzeige für ...

2 **Prüfungsteil Schreiben: E-Mail schreiben**

a Lest die Aufgabe und die E-Mail aus der Prüfung.

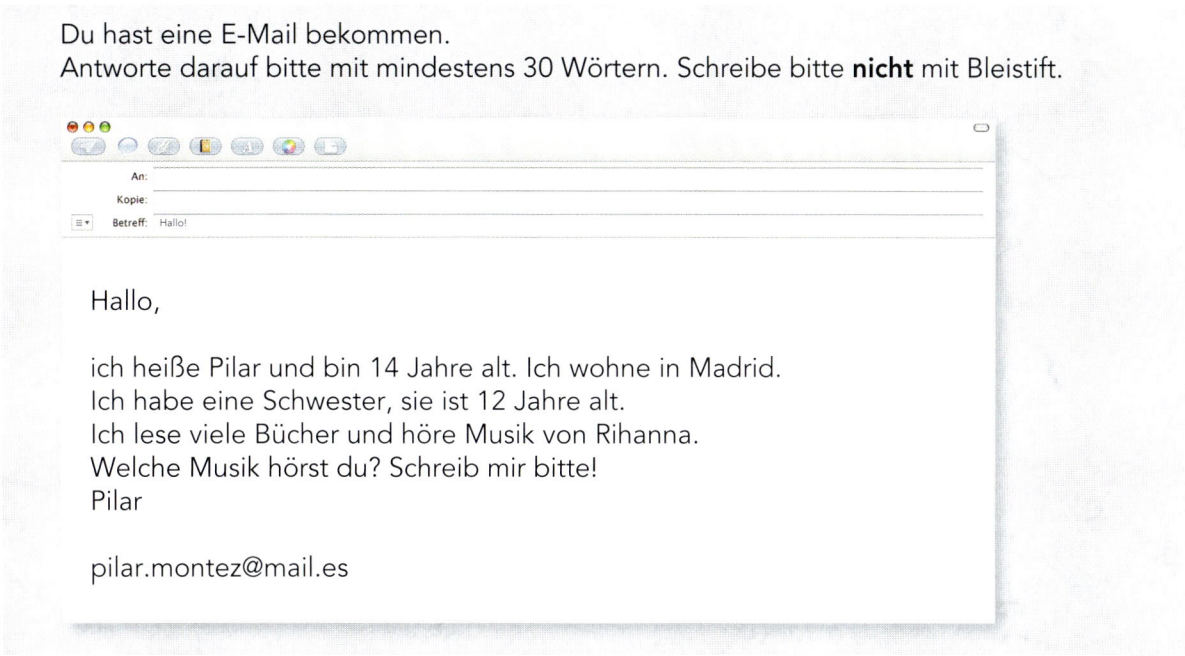

Du hast eine E-Mail bekommen.
Antworte darauf bitte mit mindestens 30 Wörtern. Schreibe bitte **nicht** mit Bleistift.

> An:
> Kopie:
> Betreff: Hallo!
>
> Hallo,
>
> ich heiße Pilar und bin 14 Jahre alt. Ich wohne in Madrid.
> Ich habe eine Schwester, sie ist 12 Jahre alt.
> Ich lese viele Bücher und höre Musik von Rihanna.
> Welche Musik hörst du? Schreib mir bitte!
> Pilar
>
> pilar.montez@mail.es

 b Was schreibt Pilar? Schreibt Stichwörter ins Heft.

– Name: Pilar
– Alter:
– Wohnort:
– ...

 c Was wollt ihr Pilar schreiben? Notiert Stichwörter.

– mein Name
– ...

d Was wollt ihr zuerst schreiben, was am Ende? Nummeriert eure Stichwörter.

– mein Name: (1)
– ...

e Schreibt eine E-Mail an Pilar ins Heft.
Schreibt einen Satz zu jedem Stichwort.

Tauscht eure Hefte und korrigiert eure E-Mails. Sammelt die Fehler an der Tafel.

Das Verb-Spiel

Start

wohnen

Nenne ein Verb
Infinitiv mit sec
Buchstaben.

Ergänze: Paul
steht am
Morgen ____.

hörer

Konjugiere:
treffen

Geh ein
Feld zurück.

essen

Konjugiere:
lesen

▶LHB **Spielanleitung**

Spiel für 3-4 Spieler
Ihr braucht: Würfel und Spielfiguren
Der Spieler mit dem ersten Buchstaben im Alphabet beginnt.
Ein Spieler würfelt z. B. ⚁ → Er geht zwei Felder vor.

Geh ein
Feld zurück.

müssen

Geh zwei
Felder zurück.

haben

üben

Konjugiere:
können

Nenne ein Verb
im Infinitiv mit
fünf Buchstaben.

Geh ein
Feld zurück.

Ergänze:
Robbie _ruft_
Nadja ____.

Geh zwei
Felder zurück.

fahren

Konjugiere:
fahren

Ergänze:
Pia _holt_
Nadja ____.

kochen

Es gibt drei Typen von Feldern:

Löst die Aufgabe! Konjugiert das Verb!

Würfelt noch einmal! ⚀ ⚁ ⚂ Sagt einen Satz mit dem Verb.
⚃ ⚄ ⚅ Stellt einem Mitspieler eine Frage mit dem Verb.

Aufgabe richtig? → Nächster Spieler ist dran.
Fehler? → Geh zwei Felder zurück. Dann suchen alle zusammen die richtige Antwort.

9

Wir lernen:
über Musik sprechen | sagen, was man immer/oft/manchmal/nie macht
Verben mit Akkusativ (I) | Artikel *der, das, die* im Akkusativ | *gern, lieber* | *aber*

Meine Freunde und ich

1 Mädchen!

a Was machen Mädchen zusammen? Machen Jungen das auch? Sammelt in der Klasse.

> *Die Mädchen gehen spazieren. Das machen Jungen auch.*

> *Nein, das machen Jungen nicht!*

b Hört zu. Welches Bild passt? Was machen Nadja und Pia?

52

c Hört noch einmal. Schreibt die Sätze in der richtigen Reihenfolge an die Tafel.

● Na ja, bisschen langweilig. ○ Ach, Robbie ist so süß! Wie findest du das Lied?
● Macht nichts. ○ Hör mal! Der neue Song von unserer Schulband!
● Wie findest du die Schulband? ○ Ich finde die Musik super! Kennst du den Sänger?
● Robbie? Klar. ○ Oh, eine SMS von Robbie! Ich muss weg. Tut mir leid!

d Übt zu zweit den Dialog von Nadja und Pia. Spielt dann den Dialog, ohne abzulesen.

2 Das Tagebuch von Pia

a Lest das Tagebuch von Pia. Warum ist sie traurig?

A Nadja chattet nicht mit Pia. Deshalb ist Pia traurig.
B Nadja hat nie Zeit für Pia. Deshalb ist Pia traurig.
C Nadja ist in Paul verliebt. Deshalb ist Pia traurig.

Liebes Tagebuch!

Ich habe echt ein Problem mit Nadja!
Ich rufe Nadja immer an, aber Nadja
ruft nie an! Ich besuche Nadja oft, aber
Nadja hat nie Zeit. Ich mache immer
Hausaufgaben für Nadja. Nadja macht
nie Hausaufgaben für mich. Manchmal
gehe ich auch mit Jannik spazieren. Aber
Nadja geht nie mit Plato spazieren! Wir
sind doch Freundinnen! Aber vielleicht
passen wir einfach nicht zusammen.
Das ist so traurig! Nadja chattet zum
Beispiel gern und surft gern im Internet,
aber ich gehe lieber mit Plato in den
Park oder lese. Außerdem möchte Nadja
immer kochen, aber ich sehe lieber Filme
an. Und dann Robbie! Nadja ist einfach
total in Robbie verliebt. Und ich? Ich bin
nicht glücklich! Niemand liebt mich.

b Warum passen Pia und Nadja nicht zusammen?

> Pia ruft Nadja immer
> an, **aber** …

aber
Ich besuche Nadja oft, **aber** Nadja hat nie Zeit.

3 Deine Freunde und du

 Wie oft macht ihr etwas zusammen? Macht eine Liste und sprecht zu zweit.

telefonieren • chatten • Sport machen • ins Kino gehen • Hausaufgaben machen
spazieren gehen • SMS schreiben • fernsehen • kochen • Musik machen
Computerspiele spielen • lesen • basteln • reiten • im Internet surfen

immer	oft	manchmal	nie
telefonieren		kochen	

> Wir telefonieren oft.

> Wir kochen
> manchmal.

4 Was machst du gern?
Nehmt noch einmal die Liste aus Aufgabe 3. Sprecht in der Klasse.

> Ich chatte gern.
> Und du?

> Ich telefoniere
> lieber.

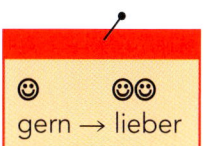

☺   ☺☺
gern → lieber

5 **Das Lied von Robbie**

53

a **Hört das Lied. Wie findet ihr die Musik?**

traurig • romantisch • langweilig • interessant • blöd • schön
sehr langsam • sehr schnell • dumm • super

*Ich finde die Musik
sehr traurig.*

*Ja, die Musik ist
traurig, aber ich finde
das Lied schön.*

b **Hört das Lied noch einmal und singt den Text mit.**

Siehst du die Frau dort im Fenster?
Siehst du den Baum dort im Hof?
Siehst du die Leute dort im Park?
Du bist nicht allein – niemand ist allein.

Siehst du den Hund dort im Hof?
Siehst du die Blume dort im Park?
Siehst du den Mann dort im Fenster?
Du bist nicht allein – niemand ist allein.

Siehst du das Baby dort im Hof?
Siehst du die Katze dort im Fenster?
Siehst du den Opa dort im Park?
Du bist nicht allein – niemand ist allein.

Akkusativ
der Hund → Siehst du **den** Hund?
das Mädchen → Siehst du **das** Mädchen?
die Blume → Siehst du **die** Blume?
die Kinder → Siehst du **die** Kinder?

c **Schreibt noch eine Strophe für das Lied. Die Wörter im Kasten helfen.**

das Kind • der Musiker • die Oma • das Mädchen • der Schüler
die Familie • die Kinder • die Schulklasse • der Lehrer

6 **Siehst du ...?**

Wer sieht mehr? Ihr habt drei Minuten Zeit. Schreibt möglichst viele Wörter auf und fragt dann euren Nachbarn.

Siehst du den Hund?

Wo? Ach da!

7 **Komisch ...**

a **Lest die Sätze. Wo ist der Akkusativ?**

1. Die Brille sucht den Opa.
2. Der Computer repariert den Vater.
3. Die Hausaufgabe macht den Schüler.
4. Das Motorrad liebt die Lehrerin.
5. Der Dialog findet den Schüler langweilig.
6. Das Heft kauft die Mutter.
7. Der Knochen sieht Plato.
8. Der Text findet Nadja schön.

Der Akkusativ ist „den Opa".

b **Repariert die Sätze und schreibt sie richtig ins Heft.**

▶LHB

Der Opa sucht die Brille.

Die Brille sucht den Opa?
So ein Quatsch!
Der Opa sucht die Brille!

8 **Satzakzent**

54

a **Hört die Sätze. Wo ist der Akzent: am Anfang, in der Mitte oder am Ende?**

1. Die Oma sucht die Brille.   2. Die Mutter kauft das Heft.   3. Plato sieht den Knochen.

55

b **Hört die Sätze von hinten und sprecht nach.**

1. die Brille.   sucht die Brille.   Die Oma sucht die Brille.
2. das Heft.   kauft das Heft.   Die Mutter kauft das Heft.
3. den Knochen.   sieht den Knochen.   Plato sieht den Knochen.

9 Das Fan-Forum

a Richtig oder falsch? Lest die Texte aus dem Internet.

1. Die Gruppe Tokio Hotel singt auf Englisch.
2. Stefan liebt Musik. Deshalb sieht er gern Viva.
3. Robbie findet Musikfernsehen super.
4. Angela spielt Fußball, aber sie sieht nie Fußball im Fernsehen.

A **www.meinemusik.de**

Hallo! Ich bin Britta aus Köln. Ich bin Fan von Tokio Hotel.
Der Sänger ist so süß! (Ich ❤ Bill!) Ich habe alle CDs.
Die Texte sind auf Deutsch. Das finde ich einfach genial.

B **www.fernsehfreunde.de**

Hallöchen, ich bin Stefan. Ohne Musik kann ich nicht leben! Deshalb sehe ich jeden Tag fünf Stunden Viva. Meine Lieblingsmoderatorin heißt Johanna. Sie moderiert die Charts. Ich finde Johanna total sympathisch. Was sagt ihr?

Stefan! Du kannst ohne Musik nicht leben?
Musik im Fernsehen – das ist traurig! Wach auf, Mann! Du kannst Gitarre spielen oder singen. Das ist ganz einfach. Gibt es bei euch keine Schulband? Mach mit – und die Mädchen lieben dich! Viele Grüße von Robbie

C **www.fussballfan.de**

Hallo Fußballfreunde! Ich bin Angela und Fußball ist mein Leben.
Ich spiele selbst im FC Junior in München und ich sehe alle Spiele
im Fernsehen. Frauenfußball finde ich super. Meine Lieblingssportlerin
ist Birgit Prinz. Sie spielt für Deutschland.

b Wählt ein Forum A, B oder C. Schreibt einen kurzen Text für das Forum. Die Redemittel helfen euch.

> Ich mag … • … finde ich süß/toll/super. • Mein Lieblingssänger / Meine Lieblingssängerin /
> Meine Lieblingsgruppe ist … • Mein Lieblingssportler / Meine Lieblingssportlerin heißt …
> Ich bin Fan von …

c Hängt eure Texte in der Klasse auf. Lest die Texte und schreibt zu zweit eine Antwort auf einen Text. Hängt eure Antwort dann unter dem Text auf.

Kannst du das schon?

Was machst du gern?

– ● Ich chatte gern. Und du? ○ Ich telefoniere lieber.
– ● Ich sehe gern Filme an. ○ Ich auch, aber ich surfe lieber im Internet.

immer – oft – manchmal – nie

– Ich telefoniere immer mit meiner Freundin und ich chatte oft. Manchmal gehe ich spazieren, aber ich schwimme nie.

Wie findest du ...?

– Ich liebe Tokio Hotel.
– Ich finde den Sänger total süß/super/toll/schön.
– Ich finde die Musik interessant.
– Ich finde die Band blöd./Ich mag die Band nicht.

Wie ist das Lied?

– Das Lied ist traurig/romantisch/genial.
– Die Musik ist sehr langsam / sehr schnell.
– Der Text ist langweilig/blöd/dumm.

Verben mit Akkusativ

– Ich suche den Radiergummi / das Heft / die Tasche.
– Nadja hat den Bleistift / das Handy / die Hausaufgabe.
– Plato sieht den Knochen / das Auto / die Katze.
– Du machst den Tee / das Essen / die Hausaufgabe.
– Wir kaufen den Computer / das Motorrad / die Blume.

– ● Tut mir leid. Ich muss weg. ○ Macht nichts.
– ● Kennst du ...? ○ Klar!
– ● Hör mal!

Noch einmal, bitte

Was machst du gern?

Schreibt drei Sätze.

immer – oft – manchmal – nie

Was macht ihr immer, was oft, was nur manchmal und was nie?

immer nie

Wie findest du ...?

Stellt Fragen und antwortet.

❤
☺
😐
☹

Wie ist das Lied?

Beschreibt ein Lied.

Verben mit Akkusativ

Ergänzt die Sätze.

Ich suche ...
Nadja hat ...
Plato sieht ...
Du machst ...
Wir kaufen ...

Tut mir leid.

10

Wir lernen:
über Geburtstage sprechen | zum Geburtstag gratulieren | Familie | Monate | Haustiere
Verben mit Akkusativ (II) | Artikelwörter im Akkusativ *ein/eine* und *kein/keine*

Meine Familie und ich

1 Mein Geburtstag

56

a Seht die Fotos an und hört die Dialoge. Welches Foto passt zu welchem Hörtext?

b Welche Sätze passen zu welchem Bild?

Am Geburtstag feiert man eine Party. • Das Geburtstagskind bekommt Geschenke.
Am Nachmittag isst man Kuchen und trinkt Kaffee, Tee oder Kakao.
Die Schulfreunde gratulieren zum Geburtstag. • Die Familie singt ein Geburtstagslied.
Das Geburtstagskind lädt Freunde ein.

c Wie feiert ihr Geburtstag?

Die Geschenke bekomme ich am Abend.

In der Schule …

2 Wann hast du Geburtstag?

a Wann habt ihr Geburtstag?
Sprecht in der Klasse.

> *Ich habe im Sommer Geburtstag. Im Juli.*

> *Ich habe im Frühling Geburtstag. Im März.*

▸LHB

b Schreibt und malt einen Geburtstagskalender für die Klasse.

3 -er am Wortende

57

a Hört -er am Wortende und sprecht nach.

Sommer – September – Dezember

58

b Wie sprecht ihr diese Wörter?
Kontrolliert mit der CD.

Winter – Oktober – aber – Lehrer – Zimmer – Schüler

> *Am Wortende: -er klingt fast wie ein dunkles „a".*

4 Zum Geburtstag gratulieren

a Was passt zum Geburtstag?

Alles Gute!

Danke!

Zum Geburtstag viel Glück!

Schöne Ferien!

Ich danke dir.

Frohe Weihnachten!

Gutes neues Jahr!

Herzlichen Glückwunsch!

59

b Hört und singt die Geburtstagslieder.

Zum Geburtstag viel Glück,
zum Geburtstag viel Glück,
zum Geburtstag, liebe/r ...,
zum Geburtstag viel Glück!

Viel Glück und viel Segen
auf all deinen Wegen,
Gesundheit und Frohsinn
sei auch mit dabei.

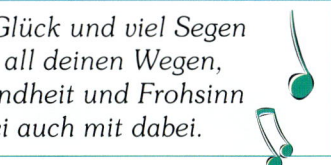

c Welche Geburtstagslieder kennt ihr?

10

... eine CD.

... ein Computerspiel.

... einen Computer.

... eine Party.

... Karten für ein Fußballspiel.

5 Überraschung! Ein Geschenk für Kolja

a Hört den Text. Was bekommt Kolja?

60

b Was sagen die Freunde? Ordnet zu und schreibt die Sätze ins Heft. Hört den Dialog noch einmal zur Kontrolle.

Habt ihr	ein Computerspiel.
Kolja will	eine Idee.
Wir machen	ein Geschenk?
Wir kaufen	Karten für ein Fußballspiel.
Ich habe	zusammen eine Party.
Wir schenken	einen Computer.

6 Geschenke

a Sammelt in der Klasse. Was kann man sonst noch schenken?

einen Fußball   ein Buch   eine CD

Verben mit Akkusativ
Ich **kaufe** einen/keinen Computer.
Wir **machen** ein/kein Spiel.
Er **hat** eine/keine CD von ...
Sie **schenkt** – Spiele, CDs, Karten.

▶LHB **b Was wünscht ihr euch nicht?**

Ich will keinen Kalender.

Ich will keinen Kalender und keine Schultasche.

Ich will keinen Kalender, keine Schultasche und kein ...

c Deine Freundin / Dein Freund hat Geburtstag. Was wollt ihr schenken? Spielt einen Dialog wie in Aufgabe 5.

7 Meine Familie

a Lest und hört das Gedicht über Charlottes Familie. Wer hat wann Geburtstag?

61

Geburtstag ist echt toll,
da ist die Bude voll.

Mein Onkel Fritz, Grit, meine Tante
und andere Verwandte,

feiern das ganze Jahr,
das ist echt wahr!

Im Januar hat Onkel Fritz,
im Februar – das ist kein Witz –
hat meine Mutter Anna.

Im April, da hat mein Hund, der Bill.

Im Juli wünscht sich meine Katze
'nen frischen Fisch auf ihre Tatze.

Im Mai feiert mein Bruder Kai.

Meine Schwester Nele hat im März.
Sie kriegt ein Pferd, das ist kein Scherz.

Im Herbst hat dann der Opa Günther,
danach mein Vater Bernd im Winter.

Und ich, ich mache, was ich will,
und feiere im April!

> Onkel Fritz hat im Januar Geburtstag.

▶LHB **b** Wer gehört zur Familie?
Notiert die Wörter an der Tafel.

> Günther = der Opa
> Bernd =

c Wählt eine Person aus eurer Familie aus und schreibt Informationen auf ein Blatt.

> **Bruder von Helena**
> Name: Dimitri Schule: Aristoteles-Schule, 6b
> Alter: 12 Jahre Hobbys: Fußball und Hip-Hop …

▶LHB **d** Gebt die Zettel weiter, erzählt bei „Stopp" von der Person auf eurem Zettel.

… hat einen Bruder/Onkel / eine Tante/Schwester
Ihr Bruder / Ihre Schwester heißt … / ist … Jahre alt.
Er/Sie geht in die … Schule, in die Klasse … • Seine/Ihre Hobbys sind … und …

8 Tierisch gut

a Da stimmt doch was nicht! Wie ist es richtig?

der Hund

Ich kann fliegen!

der Fisch

Ich kann schnell laufen und ich fresse Gras.

die Katze

WUFF! WUFF!

Wauwau, ich kann bellen.

das Pferd

...zZZZZZZ...

Ich schlafe den ganzen Tag.

Ich mag Fisch.

der Hamster

Schwimmen finde ich toll!

der Papagei

Das ist doch Quatsch! Ein Hund kann nicht fliegen, aber er kann bellen.

b Welche Tiere kennt ihr noch? Sammelt auf Deutsch. Ein Wörterbuch hilft.

c Was kann man über Tiere sagen? Sammelt Ideen an der Tafel.

Ich mag	Pferde / Hunde ...	... kann	bellen / lange laufen / singen ...
Ich habe	einen Hund / eine Katze ...	... ist	groß / schwarz / 1 Jahr alt ...
... heißt ...		... frisst	Salat / Fleisch / Fisch ...

9 Mein Lieblingstier

Projekt: Schreibt einen Steckbrief und stellt euer Lieblingstier vor.

NAME: PLATO
ALTER: 5 JAHRE

MAG: SPAZIEREN GEHEN, SCHLAFEN, SPIELEN, BELLEN, PIZZA

MAG NICHT: ALLEINE SEIN, GEMÜSE

Das ist mein Hund. Er heißt Plato und er ...

Kannst du das schon?

Geburtstag beschreiben

– Am Morgen singt meine Familie ein Lied.
– Am Nachmittag essen wir Kuchen.
– Ich lade meine Freunde ein.
– Ich bekomme Geschenke.
– Am Abend feiere ich mit der Familie und mit Freunden eine Party.

Monate

– Januar, Februar, März, April, Mai, Juni, Juli, August, September, Oktober, November, Dezember

4 Jahreszeiten = das Jahr

– der Frühling, der Sommer, der Herbst, der Winter

Meine Familie

– die Großeltern: der Großvater (der Opa), die Großmutter (die Oma)
– die Eltern: der Vater (Papa), die Mutter (Mama)
– der Onkel, die Tante
– die Geschwister: der Bruder, die Schwester

Verben mit Akkusativ

– haben, kaufen, bekommen, mögen, essen, trinken, schenken

– Ich habe einen Computer.
– Er bekommt ein Buch.
– Hast du eine CD von Shakira?
– Wir kaufen Kolja Karten für ein Fußballspiel.

Haustiere

– der Hund, die Katze, der Papagei, der Fisch, der Hamster, das Pferd

– Fische können schwimmen. Der Papagei kann fliegen. Hunde können bellen. Katzen können schlafen. Pferde können schnell laufen.

– Alles Gute!
– Herzlichen Glückwunsch!
– Zum Geburtstag viel Glück!
– Ich danke dir.

Noch einmal, bitte

Geburtstag beschreiben

Schreibt vier Sätze.

Monate

Nennt die 12 Monate.

Jahreszeiten

Wie heißen die vier Jahreszeiten?

Meine Familie

Nennt fünf Verwandte.

Verben mit Akkusativ

Schreibt je einen Satz mit *haben, bekommen* und *kaufen.*

Haustiere

Wer kann was?

Alles Gute!

11

Wir lernen:
Geschäfte | Preise erfragen | Lebensmittel | etwas bestellen | sagen, was schmeckt | Maße
Wo? – *im, beim, auf dem* | Verben *mögen* und *brauchen* | *für* + Akkusativ

In der Stadt

1 **Beim Einkaufen**

a **Ordnet die Wörter den Bildern zu.**

der Supermarkt • der Buchladen • der Markt
das Kaufhaus • der Bäcker • das Fastfood-Restaurant

*Nummer 1
ist ein …*

b **Hört die Dialoge.**
In welchem Geschäft sind die Personen?

62

*Dialog 1 ist
im …*

Wo ist das?
– Im Kaufhaus/Supermarkt/…
– Beim Bäcker.
– Auf dem Markt.

c **Hört noch einmal. Was kaufen die Personen wo? Macht eine Tabelle im Heft und**
ordnet zu. Ergänzt dann weitere Wörter.

Supermarkt	Buchladen	Markt	Kaufhaus	Bäcker	Fastfood-Restaurant
Milch		Bananen			

Butter
Apfel-Kuchen
Bananen
Brötchen
DVD
Brot
Eier
Hamburger
Kaffee
Kartoffeln
Milch
Wörterbuch
Salat

2 30 Euro Taschengeld

a Hört zu. Wie viel kosten die Sachen? Schreibt ins Heft.

> **Preise**
> 14,99 €
> = vierzehn **Euro** (und)
> neunundneunzig **(Cent)**

b Ihr habt zusammen 30 Euro. Überlegt zu zweit: Was kauft ihr von Aufgabe 2a?

c Macht Karten mit Preisen und Sachen. Sprecht zu zweit wie im Beispiel.

3 Wie viel kostet …?

a Schreibt den Dialog ins Heft. Der Kasten hilft.

● Entschuldigung. Können Sie mir helfen?
○ Ja, gern.
● …
○ Moment. Hier ist sie.
● Danke schön. …
○ 13 Euro und 80 Cent.
● Gut, ich nehme sie. …
○ Die Kasse ist dort.
● …
○ Auf Wiedersehen.

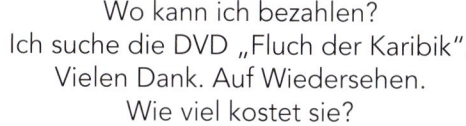

> Wo kann ich bezahlen?
> Ich suche die DVD „Fluch der Karibik".
> Vielen Dank. Auf Wiedersehen.
> Wie viel kostet sie?

b Hört den Dialog und kontrolliert eure Lösung.

c Spielt weitere Dialoge zu zweit.

– das Buch „Drachenblut" / 15,99 Euro
– die CD „Schrei" von Tokio Hotel / 12,50 Euro

11

4 Essen in der Stadt

a Bringt die Geschichte in die richtige Reihenfolge.

> Hallo! Was möchtet ihr?

> Drei Hamburger, zwei Gläser Cola und ein Tasse Kakao, bitte. Und du, Nadja?

> Ich habe keinen Hunger mehr, danke. Ich möchte nur eine Flasche Mineralwasser!

> Gut, also, eine Flasche Mineralwasser, einen Tomatensaft und einen Tee. Na dann. Guten Appetit!

> Ich habe auch nur Durst. Für mich bitte einen Tomatensaft und einen Tee.

A

> Robbie!!!

B

> Ähm ... vielleicht nimmst du einen Salat oder eine Gemüsesuppe?

C

> Na gut. Dann für mich nur vier Stück Pizza.

> Robbie, das ist genug! Nicht so viel!!!

D

> Ähm ... Nur ein Stück Pizza?

> Also, ich weiß nicht!

E

b Spielt den Dialog zu dritt.

> Was möchtet ihr?

> Ich möchte eine Flasche Wasser und ...

> Hm, Wurst! Lecker!

5 Was magst du?

a Macht eine Hit-Liste mit euren Lieblingsgerichten an der Tafel.

Hamburger	IIII I
Pommes mit Ketchup	IIII
Würstchen	III

b Was mögt ihr? Was mögt ihr nicht? Sprecht zu dritt.

☺	☹
Ich mag ...	Ich esse nicht so gern ...
Ich esse gern ... / Lecker!	Ich mag kein ...
Ich liebe ... / Mir schmeckt ...	Igitt!

> **mögen**
> Was magst du? – Ich mag ...
> Was magst du nicht? – Ich mag keinen/kein/keine ...

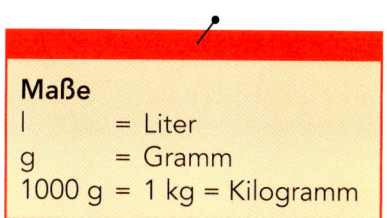

6 Pia und Paul kochen

a Lest das Rezept. Was glaubt ihr? Ist der Pfannkuchen süß oder salzig?

Pfannkuchen (für 6 Personen)
Schmeckt gut mit Marmelade!
0,5 l Milch · 250 g Mehl · 30 g Zucker · 6 Eier · Salz
Das Mehl in eine Schüssel sieben und mit Milch ...

Maße	
l	= Liter
g	= Gramm
1000 g = 1 kg	= Kilogramm

65

b Hört zu. Pia und Paul kaufen ein. Was haben sie schon? Was brauchen sie noch?

Sie haben schon ...   Sie brauchen noch ...

c Hört noch einmal. Was ist richtig?

1. Paul findet Pia sauer wie Zitronen.   2. Paul findet Pia süß wie Zucker.

7 Im Supermarkt

a Ihr wollt kochen. Was braucht ihr für ...?

1. Pfannkuchen   2. Pizza   3. Schokoladeneis   4. Obstsalat

> Zucker • Tomaten • Mehl • Käse • Eier • Milch • Schokolade
> Bananen • Äpfel • Orangen • Orangensaft • Marmelade

Für Pfannkuchen braucht man Eier, Mehl und ...

b Kennt ihr andere Gerichte? Sammelt in der Klasse.

c Macht eine Einkaufsliste zu den Gerichten in 7b und sprecht in der Gruppe.

Apfelkuchen
Äpfel, Mehl, Eier, Butter, Zucker

für + Akkusativ	
Für ...	**einen** Apfelkuchen ...
	ein Schokoladeneis ...
	eine Pizza ...
	Spaghetti ...
braucht man ...	

8 p – b, t – d, k – g

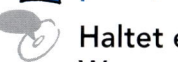
66

Haltet ein Blatt vor den Mund. Hört und sprecht die Sätze.
Was passiert mit dem Blatt bei Satz 1, 3 und 5?

1. Plato mag Pommes aus der Pizzeria.   2. Das Buch und die Butter sind billig.
3. Die tollen Tomaten sind teuer.   4. Danke für die DVD.
5. Können Katzen Käse kaufen?   6. Ich esse gern gesundes Gemüse.

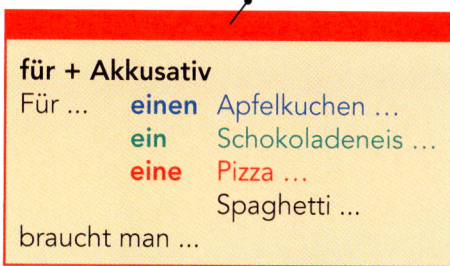

9 Stationen

a Zu welchem Schild passen die Beispiele 1–4? Ordnet zu.

einkaufen im Café Was magst du (nicht)? Was Kochen wir ?

1
Entschuldigung!
Können Sie mir helfen?
Ich suche …
Wie viel kostet …?
Oh, das ist aber teuer/billig.
Den/Das/Die nehme ich (nicht).
Wo kann ich bezahlen?

… kostet … Euro.
Hier ist …
Vielen Dank!
Auf Wiedersehen!

2
Ich esse gern …
Mir schmeckt …
Ich mag/liebe …
Mhm, lecker. Das mag ich auch.

Ich esse nicht so gern …
Ich mag keinen/kein/keine …
Igitt. Das mag ich nicht!
Und du? Was magst du?

3
● Machen wir Pfannkuchen?
○ Nein. Ich mag keine Pfann-
  kuchen.
● Okay, machen wir Schokoladen-
  eis?
○ Einverstanden! Das ist gut!
● Wir brauchen Schokolade,
  Zucker und …

4
Guten Tag!
Was möchten Sie?
Für mich ein Stück …, bitte!
Ich möchte …
Und ein Glas / eine Tasse …, bitte.
Kommt sofort!
Hier, bitte schön!
Vielen Dank.

Zahlen, bitte!
Das macht … Euro.
Vielen Dank! Auf Wiedersehen!

▶LHB **b** Geht zu zweit an einen Tisch. Spielt die Situationen. Die Redemittel in 9a helfen.

Kannst du das schon?

Essen und einkaufen

– Ich kaufe im Supermarkt / im Buchladen / im Kaufhaus / beim Bäcker / auf dem Markt ein.
– Ich esse und trinke im Café / im Fastfood-Restaurant.

Lebensmittel

– das Gemüse: der Salat, die Kartoffel, die Tomate
– das Obst: die Banane, der Apfel, die Orange
– die Wurst, der Käse, das Fleisch, der Fisch
– die Pizza, die Suppe, das Brot, das Brötchen, die Marmelade, das Eis, die Schokolade, der Kuchen
– die Butter, das Mehl, das Salz, das Ei, der Zucker
– die Cola, das Mineralwasser, der Saft, die Milch, der Kaffee, der Kakao, der Tee

Bestellen

– Ein Stück Pizza und ein Glas Wasser, bitte.
– Ich möchte ein Glas Apfelsaft und einen Hamburger.
– Für mich eine Tasse Tee, bitte.

Wie viel kostet ...?

– ● Wie viel kostet das Buch?
  ○ Das Buch kostet 7 Euro 99 Cent.

Was magst du (nicht)?

– ☺
Mir schmeckt ...
Ich esse gern ...
Ich mag/liebe ...
Lecker!

☹
Ich esse nicht so gern ...
Ich mag keinen/kein/keine ...
Igitt!

für + Akkusativ

– Für Pfannkuchen braucht man Mehl, Eier, Milch, Salz und Zucker.
– Für Schokoladeneis braucht man Milch, Kakao und Zucker.
– Für einen Obstsalat braucht man Bananen, Äpfel, Orangen und Orangensaft.

Maße

– der Liter, das Gramm, das Kilogramm

– Guten Appetit!
– Danke schön!
– Zahlen, bitte!
– Auf Wiedersehen!

Noch einmal, bitte

Essen und einkaufen

Wo kauft ihr ein?
Wo esst und trinkt ihr?
Nennt je zwei Beispiele.

Lebensmittel

Nennt möglichst viele Lebensmittel.

Bestellen

Bestellt euch:
1 Stück Pizza + 1 Glas Wasser
1 Hamburger + 1 Glas Apfelsaft
1 Tasse Tee

Wie viel kostet ...?

Fragt und antwortet.
– Buch: 7,99 €
– CD: 12,45 €
– Kakao: 2,50 €

Was magst du (nicht)?

Nennt je drei Dinge.
☺   ☹

für + Akkusativ

Was braucht ihr für ...
– Pfannkuchen?
– Schokoladeneis?
– Obstsalat?

Maße

Was ist das?
l   g   kg

Guten Appetit!

12 Unser Schulfest

Wir lernen:
ein Programm verstehen | Farben | Kleidung
Verben mit Dativ: *gefällt mir, steht dir, hilf uns* ... | Fragen mit *welch-?*

1 Das Programm

a Hört den Dialog und ergänzt das Programm im Heft.

67

> ### Schulfest
>
> | Wann? | Was? | Wo? |
> |---|---|---|
> | 16 Uhr | ..., Saft und Cola | auf dem ... |
> | ... | Anton zaubert | in Raum 12 |
> | 18 Uhr | Videoclips | in der ... |
> | ... | ... | in der Turnhalle |
> | 20 Uhr | ... | ... |

> *Um 16 Uhr gibt es Pizza, Saft und Cola auf dem ...*

b Präsentiert das Programm.

2 Wer macht was?

a Welche Gruppen gibt es?

> Gruppe 1: Plakat und Dekoration
> Gruppe 2: ...
> Gruppe 3: ...

b Was machen die Gruppen?

Die Gruppe 1	organisiert	die Pizza.
Die Gruppe 2	malt	Papier und Farben.
Die Gruppe 3	macht	die Turnhalle.
	kauft	die Musik.
	dekoriert	Saft und Cola.
		Plakate.

> *Die Gruppe 1 malt die Plakate und ...*

3 Stress in der Turnhalle

a Seht die Bilder an und lest die Texte. Was passt zusammen?

Text A passt zu Bild ...

A
„Nadja, gib uns bitte die Schere!", ruft Pia von der Leiter.
„Tut mir leid! Ich kann euch nicht helfen! Ich muss Robbie helfen. Tschüüüs!"
Nadja geht weg. Pia und Kolja sind sauer.

B
Pia, Nadja und Kolja sind in der Turnhalle. Nadja hängt Plakate auf. Kolja und Pia stehen auf einer Leiter. Sie dekorieren die Turnhalle. Pia sagt: „Nadja, hilf ihm bitte!"

C
Robbie kommt in die Turnhalle.
Er geht zu Nadja.
„Hallo, Robbie!", sagt Nadja. „Gefällt dir die Dekoration? Was machst du hier?"
Robbie antwortet: „Ähm, ja, ja, hübsch. Ich mache den Sound-Check. Kommst du mit?" „Ja, klar, ich komme mit!"

b Beantwortet die Fragen.

1. Wer macht was?
2. Was will Robbie machen?
3. Wem will Nadja helfen?
4. Was ist mit Pia?

> Nadja hängt Plakate auf.
> Pia und Kolja ...

c Was sagen Pia und Nadja in Aufgabe 3a? Notiert im Heft.

Pia   Nadja
Nadja, hilf ihm bitte!   ...
...

Verben mit Dativ
Tut **mir** leid ...
Gefällt **dir/euch** ...
Gib **uns** ...
Hilf **ihm/ihr/uns** bitte!

12

4 **Was ziehst du an?**

a Ordnet die Sprechblasen den Personen zu.

Ich habe meinen eigenen „Style"! Ich ziehe an, was ich mag. Modische Kleidung finde ich doof!
Ich trage gern Kleider und Pullover und manchmal einen Mantel und einen Hut.

Nicoletta

Ich mag modische Kleidung. Ich trage gern Blusen und Jeans. Mit meiner Freundin Julia gehe ich oft zum Shopping. Wir probieren Blusen, Hosen oder Jacken. Aber wir kaufen nichts. „Augenshopping" sagt meine Freundin.

Nora

Ich mag bequeme Kleidung! Ich ziehe immer Jeans und T-Shirts an. Dazu trage ich Sportschuhe. Ach ja, Kapuzen-Sweatshirts mag ich auch.

Jakob

> *Ich ziehe Jeans und mein Sweatshirt an. Das ist bequem.*

> *Was ziehe ich bloß zum Schulfest an? Wie immer, eine Bluse und eine Jeans? Ich weiß nicht …*

> *Zum Schulfest ziehe ich ein Kleid an – und vielleicht einen Hut!*

 b Lest die Texte noch einmal und sammelt die Kleider.

> der Pullover, …

c **Was zieht ihr gern an?**

> *Ich ziehe gern … an.*

> *Ich mag …*

5 Blau, rot, gelb …

 schwarz  grau  blau  grün  weiß  rot gelb  braun

Ratet in der Klasse. Wer ist das?

Seine Hose ist schwarz, sein Pullover ist blau. Wer ist das?

Das ist …!

Ihre Bluse ist …

6 Das Kleid steht dir!

a Was zieht Nora an? Hört den Dialog und notiert im Heft.

68

Nora zieht … an. Die Farbe ist …

● Hallo Nora! Bist du fertig?
○ Gleich! Was ziehe ich bloß an?
● Beeil dich. Es ist schon drei!
  Das Schulfest beginnt in einer Stunde …
○ Wie gefällt dir das Kleid?
● Nicht so gut. Zieh lieber eine Hose an.
○ Welche Farbe? Rot oder gelb?
  …

Welch-?
Welch**er** Pullover?
Welch**es** Kleid?
Welch**e** Farbe?
Welche Pullover/Kleider/Farben?

▶LHB **b Zieht ein Kärtchen und spielt Dialoge wie in 6a.**

Wie gefällt dir der/das/die …?

Gut! Der/Das/Die … steht dir gut.

Nicht so gut. Der/Das/Die … steht dir nicht.

Welche Farbe steht mir?

Blau steht dir gut.

7 eu – au

Hört zu und sprecht mit.

69

– neu, heute, Freund/Freundin, Europa, Flugzeug, deutsch, euch
– Meine neue Freundin fliegt heute mit dem Flugzeug nach Europa.
– Aufgabe, aus, Auto, blau, Haus, laufen
– Die Schule ist aus, ich laufe nach Hause und mache meine Hausgaben.

eu – au
Du liest und schreibst *eu*,
du hörst und sprichst *oi*.
Du liest und schreibst *au*,
du hörst und sprichst *au*.

8 Auf dem Schulfest

Wo ist Pia?

Hallo Anton. Wo ist Paul?

Pia ist nicht hier. Die ist bei Robbie in der Turnhalle.

Abrakadabra … Paul ist auf dem Schulhof …

Ist Pia auch hier?

Keine Ahnung! … Ach, Robbie ist spitze!

Wo ist denn Paul?

Ach, hier seid ihr! Hast du noch Pizza?

Der ist schon weg.

Klar!

Quatsch! Hier ist doch sein Skateboard.

PIZZA

a Was ist passiert? Schreibt die Sätze in der richtigen Reihenfolge.

A Pia sucht Paul. Sie fragt Anton: „Wo ist Paul?"
B Pizza gut – alles gut! Es gibt ein Happy End.
C Paul und Plato sind auf dem Schulhof. Sie essen Pizza.
D Pia geht zum Pizzastand. Sie sieht das Skateboard von Paul.
E Paul sucht Pia. Er fragt Kolja: „Wo ist Pia?"
F In der Turnhalle spielen Robbie und seine Band. Nadja weiß nicht, wo Pia ist.

b Erzählt die Geschichte.

Kannst du das schon?

Kleidung
– das T-Shirt | die Jacke | die Jeans | die Bluse | der Pullover | das Kleid | die Hose

Farben
– schwarz | grau | blau | grün | rot | gelb | braun

Kleidung und Farben
– Die Hose ist schwarz. Der Pullover ist blau ...
– Ihre Bluse ist ...

Das Schulfest
– Um 17 Uhr zaubert Anton in Raum 12.
– Um 18 Uhr gibt es Videoclips in der Cafeteria.
– Um 19 Uhr spielen Robbie und seine Band in der Turnhalle.

Welch-?
– Welcher Pullover steht mir? Blau oder schwarz?
– Welches Kleid passt? Grün oder gelb?
– Welche Farbe gefällt dir? Rot oder braun?

– Welche Farben gefallen dir?

Verben mit Dativ
– helfen, geben, gefallen, stehen, leidtun

– Pia und Paul: „Nadja, hilf uns bitte!"
– Nadja: „Ich kann euch nicht helfen."
– Nadja: „Pia, bitte gib mir die Schere."
– Nadja: „Tut mir leid."

– Ich komme gleich!
– Das steht dir gut!
– Keine Ahnung!
– Tschüs!

Noch einmal, bitte

Kleidung
Was habt ihr an?

Farben
Nennt fünf Farben.

Kleidung und Farben
Beschreibt eure Kleidung.

Das Schulfest
Wann ist was?
– 17:00 Anton in Raum 12
– 18:00 Videoclips in der Cafeteria
– 19:00 Robbie und Band in der Turnhalle

Welch-?
Fragt einen Partner / eine Partnerin:

Verben mit Dativ
Ergänzt den Dialog:
Pia und Paul: „Nadja, hilf ... bitte!"
Nadja: „Ich kann ... nicht helfen."
Nadja: „Pia, bitte gib ... die Schere."
Nadja: „Tut ... leid."

Tschüs!

Grammatikübersicht

Konnektoren: *und, oder, aber*

und	Ich bin 13 Jahre alt. Ich wohne in Leipzig. → Ich bin 13 Jahre alt **und** (ich) wohne in Leipzig.
oder	Ist das richtig? Ist das falsch? → Ist das richtig **oder** ist das falsch?
aber	Ich mag Hunde. Ich mag keine Katzen. → Ich mag Hunde, **aber** ich mag keine Katzen.

Verben: *mögen* und *brauchen*

	mögen	brauchen
ich	**mag**	brauch**e**
du	**magst**	brauch**st**
er/es/sie	**mag**	brauch**t**
wir	mög**en**	brauch**en**
ihr	mög**t**	brauch**t**
sie	mög**en**	brauch**en**
Sie	mög**en**	brauch**en**

Artikelwörter im Akkusativ:
der, das, die   *ein, eine*   *kein, keine*

Nominativ	Akkusativ					
der	**den**	Magst du **den** Kuchen?	**einen**	Hast du **einen** Apfel?	**keinen**	Nein, ich habe **keinen** Apfel.
das	**das**	Opa kauft **das** Geschenk.	**ein**	Magst du **ein** Ei?	**kein**	Nein, ich mag **kein** Ei.
die	**die**	Pia sucht **die** CD.	**eine**	Isst du **eine** Tomate?	**keine**	Nein, ich esse **keine** Tomate.
die	**die**	Siehst du **die** Kuchen/ Geschenke/CDs?	–	Da sind – Äpfel/ Eier/Tomaten.	**keine**	Wo? Ich sehe **keine** Äpfel/Eier/ Tomaten.

Weitere Verben mit Akkusativ

bekommen	Zum Geburtstag bekomme ich **ein Buch**.
besuchen	Heute besuche ich **einen Freund**.
brauchen	Wir brauchen **die Mathebücher**.
feiern	Wir feiern heute **den Geburtstag** von Plato.
finden	Ich finde **die CD** nicht.
hören	Hörst du **die Musik**?
lieben	Sie liebt **den Hund Plato**.
machen	Ich muss noch **Hausaufgaben** machen.
reparieren	Sie repariert **das Fahrrad**.
schenken	Wir schenken Kolja **eine CD**.
singen	Wir singen **ein Lied**.
trinken	Er trinkt **einen Apfelsaft**.

Frageartikel: *welcher, welches, welche?*

der Pullover	Welch**er** Pullover gefällt dir?
das T-Shirt	Welch**es** T-Shirt gefällt dir?
die Farbe	Welch**e** Farbe gefällt dir?
die Schuhe	Welch**e** Schuhe stehen mir?

Personalpronomen im Dativ

Nominativ	Dativ	
ich	mir	Die Musik gefällt **mir**.
du	dir	Ich gebe **dir** das Geld.
er/es	ihm	Hilf **ihm** bitte.
sie	ihr	Hilf **ihr** bitte.
wir	uns	Können Sie **uns** helfen?
ihr	euch	Ich helfe **euch**.
sie	ihnen	Wir helfen **ihnen**.
Sie	Ihnen	Wir helfen **Ihnen**.

Verben mit Dativ: geben, leidtun, gefallen, helfen, schenken

Präposition: *für + Akkusativ*

für	**Für einen** Apfelkuchen braucht man Eier, Mehl, Zucker und Äpfel.

Tipps für die Prüfung

1 **Prüfungsteil Lesen: Beschreibungen**

a Seht euch die Anzeige an und lest die Beschreibung. Wer ist das Mädchen? Macht Notizen im Heft.

Anzeige 1

Hallo. Ich bin Nina und wohne in Leipzig. Ich bin 14 Jahre alt. Meine Hobbys sind Schwimmen und Lesen und ich spiele gern Klavier. Ich habe einen Bruder, eine Schwester und einen Hund. Mein Bruder und meine Schwester sind oft doof, aber mein Hund ist toll! Er hört gern Musik. Deshalb heißt er Mozart.

– Name: Nina
– Alter: ...
– Stadt: ...
– Familie: ...
– Hobbys: ...
– Tiere: ...

b Lest die zweite Beschreibung.
Wer ist der Junge? Macht Notizen im Heft.

Anzeige 2

Ich heiße Maximilian und bin 13 Jahre alt. Meine Freunde nennen mich Max. Ich wohne mit meiner Mutter und meiner Schwester in Basel. Mein Vater wohnt in Zürich, aber ich besuche ihn oft. Er kann sehr gut kochen. Ich koche auch gern. Und ich spiele gern Fußball.

c Lest jetzt die Prüfungsaufgaben. Was ist richtig, was ist falsch? Notiert im Heft.

Beschreibung 1

1 Nina liest gern Bücher. | richtig | falsch

1. richtig

2 Nina hat zwei Geschwister. | richtig | falsch

3 Ihr Bruder hört gern Musik. | richtig | falsch

Beschreibung 2

1 Max ist dreizehn Jahre alt. | richtig | falsch

2 Max wohnt in Zürich. | richtig | falsch

3 Max kocht gern. | richtig | falsch

2 Prüfungsteil Sprechen: Fragen stellen und auf Fragen antworten

a Was fällt euch zum Thema „Wohnen" ein?
Sammelt an der Tafel.

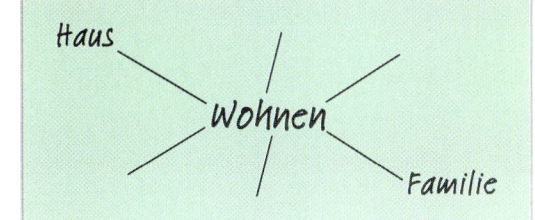

 b Schreibt vier Fragen zu den Wörtern ins
Heft. Lasst unter den Fragen zwei Zeilen
frei für die Antwort.

– Hast du eine Schwester?

–

 c Tauscht eure Hefte. Schreibt die Antworten unter die Fragen von eurem Partner /
eurer Partnerin.

– Hast du eine Schwester?
– Ja, ich habe eine Schwester. Sie heißt Mona und ist 11 Jahre alt.

d Arbeitet zu zweit. Jeder schreibt drei Wörter
von der Tafel auf drei Kärtchen.
Jetzt habt ihr sechs Kärtchen.

e Spielt zu zweit Prüfung: A fängt an, nimmt eine Karte und fragt B. B antwortet.
Dann nimmt B eine Karte und fragt A.

Pinnwand

 Chaos
Was ist von wem?

Von Daniela ist Foto B und …

A

B

E

Ich bin Ricarda. Und mein Lieblingsfach ist Kunst. Ich male gern und ich höre gern Musik von Pink.

I

Mein Lieblingsrezept:

Muffins

250 g Mehl, 100 g Butter
100 g Zucker, 2 Eier
Backpulver, Milch, Salz, Mehl

10–15 Min. bei 160 °C backen

Ich bin Tom. Mein Hobby ist Fußball spielen. Der Fußball-spieler Lukas Podolski ist super! Ich spiele auch gern Tennis.

H

G

C

Hi, ich heiße Sarah. Ich koche und backe gern zusammen mit meinem Opa. Mein Opa kennt tolle Rezepte.

Ich heiße Daniela und liebe Tiere. Ich habe einen Hund und zwei Katzen. Meine Katzen heißen Tom und Garfield.

D

F

ch schenke dir eine Blume, blau wie deine Hose, rot wie dein Pulli, aber nicht so schön wie du!

Mein Name ist Julian. Ich lese gern und ich schreibe gern Gedichte. Das Gedicht ist für eine Freundin, aber den Namen sage ich nicht!

4 **Eure Pinnwand**
Macht auch eine Pinnwand. Jeder bringt etwas mit. Euer Lehrer / Eure Lehrerin hängt alles an die Pinn-wand.
Ratet: Was ist von wem?

Wir lernen:
über Ferien sprechen | einen Weg beschreiben | eine Postkarte schreiben | Wetter | *es gibt*
Präteritum von *sein* und *haben* | Lokalergänzungen: *Wohin? – an den See, in die Berge, zu meiner Oma*

Endlich Ferien!

1 Urlaubsfotos

a Welches Foto ist von wem?

1   2   3   4   5

Foto 1 ist von …

70

b Wohin fahren die Personen? Hört und ergänzt.

> nach Italien • nach Rom • zu seiner Oma • in die Berge
> in die Schweiz • nach Murten • an den Bodensee
> ans Meer • an die Nordsee

Wohin?
Ich fahre …
… **an den** Bodensee.
… **ans** Meer.
… **an die** Nordsee.
… **in** die Berge.
… **nach** Rom.

Paul	Pia	Frau Müller	Kolja	Nadja
zu seiner Oma				

c Wohin fährt Plato?

Ich fahre zu meiner Oma und zu meinem Opa.

d Wohin wollt ihr in den Ferien fahren?

Ich will ans Meer!

Wir wollen nach New York.

2 Was machst du in den Ferien?

a Lest Dialog 1, ergänzt Dialog 2 im Heft. Übt dann die Dialoge.

Dialog 1:
- ● Wohin fährst du in den Ferien?
- ○ Ich fahre mit meinen Eltern nach Österreich, an den Neusiedler See.
- ● Und was macht ihr da?
- ○ Wir campen. Und was machst du?
- ● Ich fahre nach Balkonien.
- ○ Wo liegt denn das?
- ● Quatsch! Ich fahre nicht weg. Ich bleibe zu Hause.

Dialog 2:
- ● Wohin fährst du in den Ferien?
- ○ Wir machen eine Reise ... Griechenland. Wir fliegen ... Mittelmeer, ... Athen.
- ● Toll! Was macht ihr da?
- ○ Von Athen fahren wir mit dem Schiff ... Naxos. Und was machst du?
- ● Ich fahre ... meiner Oma.

b Schreibt und spielt Dialoge in der Klasse.

- ● Ferien: Wohin?
- ○ Österreich / USA / Oma / ...
- ● Was?
- ○ campen / New York ansehen / wandern / ... Und du?
- ● Nordsee, schwimmen / Schweiz, Fahrradtour machen / zu Hause bleiben, ...

- ● *Wohin fährst du in den Ferien?*
- ○ *Ich fahre in die USA.*
- ● *Was machst ...*

3 Robbie bleibt zu Hause.
Lest den Text und beantwortet die Fragen.

Im Sommer bleibt Robbie zu Hause. Er fährt nicht weg. Er sucht in der Zeitung einen Ferienjob. Er will zwei oder drei Tage in der Woche arbeiten. Er will einen neuen MP3-Player kaufen.

Im Winter fährt er mit seinen Eltern in die Berge. Das macht die Familie jedes Jahr. Er kann gut Snowboard fahren. Robbie sagt: „Ich mache lieber im Winter Ferien. Im Sommer kann ich meine Freunde treffen, ins Schwimmbad gehen, mit der Band proben oder jobben. Nur Nadja ist nicht da. Sie fährt mit ihren Eltern an die Nordsee. Das finde ich schade."

1. Was macht Robbie im Sommer?
2. Was sucht Robbie?
3. Was will Robbie kaufen?
4. Was macht Robbie im Winter?
5. Wen trifft er in den Sommerferien?
6. Wohin fährt Nadja in den Sommerferien?

4 Ein Ferientag zu Hause

a Was kann man in der Stadt machen? Sammelt an der Tafel und erzählt.

Wo?
in der Altstadt
auf dem Marktplatz
im Park
im Garten

Was?
ein Museum besuchen ...
Eis essen, ins Kino gehen,
einkaufen ...
Fußball spielen ...
ein Fest machen ...

> *Auf dem Marktplatz kann man Eis essen und ...*

 b Hört die Dialoge und vergleicht mit dem Stadtplan: Wo wohnt Britta? Wo ist Anja? A, B oder C?

71

links   geradeaus   rechts

c Hört noch einmal und notiert die Wegbeschreibungen im Heft.

Dialog 1:
Du fährst zum ...
Dann fährst du ... und immer geradeaus.
Dann siehst du ... die Post und ... ist
unser Haus.

Dialog 2:
Du fährst zum ..., dann fährst du ...
und danach ... zum Park, da ist die
Mühlstraße. ... wohnt meine Oma, in der
Mühlstraße 9.

▸LHB **d** Arbeitet zu zweit: Sucht eine Adresse im Stadtplan und beschreibt den Weg wie im Beispiel.

Du bist an der Schule.
Du gehst geradeaus zum Krankenhaus.
Dann gehst du rechts, da ist die Post.
Dann gehst du zum Bahnhof.
Links ist das Museum ...

Wegbeschreibung

Wo? – Du bist ...
... **am** Bahnhof/Park.
... **am** Schwimmbad/Krankenhaus.
... **an der** Post/Schule.

Wohin? – Du gehst ...
... **zum** Bahnhof/Park.
... **zum** Schwimmbad/Krankenhaus.
... **zur** Post/Schule.

5 Postkarten aus den Ferien

a Lest die Postkarten: Wer schreibt was?

A

Lieber Herr Schulze,

vielen Dank für Ihren Tipp! Sie haben recht,
in der Schweiz ist es wirklich sehr schön.
Hier ist es warm und das Hotel ist gemütlich.
Nach dem Frühstück gehe ich jeden Tag in die Berge.
Ach ja: das Käsefondue schmeckt sehr lecker!
Bis September!

Herzliche Grüße
Ihre ...

B

Lieber Paul,

Rom ist toll! Und das Kolosseum ist sehr interessant.
Ich mache jeden Tag viele Fotos!
Es ist total heiß und ich esse jeden Tag ein Kilo Eis.
Ich habe fast kein Taschengeld mehr!
Wie geht es Dir bei Deiner Oma? Was machen die Tiere? ☺
Deine ...

C

Hallo Paula,

die Ferien sind voll korrekt! Das Wetter ist schön und das Essen
schmeckt prima! Es gibt hier einen super Campingplatz!
Mein Zelt ist direkt am See. Die Leute sind nett, wir lachen
viel und wir haben jeden Tag eine Party!!!
Leider ist mein Gepäck weg: kein Rucksack,
kein Pullover, keine Jacke. Aber hier brauche
ich nur meine Badehose, Jeans und T-Shirt.

Bis bald
Dein ...

> Postkarte A ist von ...
> Er/Sie macht Ferien in ...
> Das Wetter ist ...

 b Wählt aus und schreibt eine
Ferien-Postkarte ins Heft.

Es
Es ist sehr schön.
Es ist heiß. / **Es** regnet.
Wie geht **es** dir?
Es geht mir gut.

Ferien
Die Ferien sind
toll und mir geht
es sehr gut! ☺ ☺
Die Ferien sind
okay. ☺
Die Ferien sind
nicht so schön
und es geht mir
schlecht! ☹

Wetter
Es regnet.
Es ist kalt.
Es ist schön.
Es ist heiß.

Essen
Das Essen
schmeckt prima.
... schmeckt
nicht schlecht.
... schmeckt
gar nicht.

Leute
Es sind nur
junge Leute da.
Es gibt hier nur
alte Leute.
Er/Sie ist total
nett.

Schluss
Viele Grüße
Dein/e ...
Ihr/e ...

Freizeit
Ich bin immer
am Meer.
Endlich Zeit
zum Lesen.
Es gibt viele
Discos.
Es ist total
langweilig hier.

Hallo ...,
die Ferien sind ...

6 Grüße aus Balkonien

a Hanna berichtet von ihren Ferien. Lest die E-Mail: Was stimmt nicht?

Schon wieder auf dem Spielplatz!

Regen – Regen – Regen!

An:
Kopie:
Betreff:

Hallo Alex!
Ich hatte tolle Ferien!
Ich war auf einer Insel.
Wir hatten ein Hotel direkt am Strand. Es war sehr romantisch!
Wir hatten super Wetter.
Gestern war es sehr heiß und ich war den ganzen Tag im Wasser!
Mit meiner Schwester war ich jeden Tag in der Disco.
Und am Ferienende war eine Superparty!
Ich hatte viel Spaß.
☺ Hanna

Lach doch mal!

Wie unromantisch! Immer nur zu Hause sein …

 b In den Ferien, nach den Ferien
Ergänzt an der Tafel und schreibt die Sätze ins Heft.

Hanna hatte keine tollen Ferien. Sie war nicht auf einer Insel. Sie war zu Hause! Das Wetter war …

In den Ferien	Nach den Ferien
Ich _habe_ tolle Ferien.	Ich _hatte_ tolle Ferien.
Ich _bin_ auf einer Insel.	Ich _war_ auf einer Insel.
Wir _haben_ ein Hotel am Strand.	Wir … ein Hotel …
Es _ist_ sehr heiß.	Es …
Wir _haben_ viel Spaß.	Wir …

Ich hatte tolle Ferien. Ich …

Präteritum

	sein	haben
ich	war	hatte
er/es/sie	war	hatte
wir	waren	hatten

7 s – ss – ß – sch

  Hört zu und sprecht die Sätze nach.

72

es, heiß, ist, Kolosseum …
Es ist heiß im Kolosseum.

sehr, Suppe, Susi, super …
Susi mag sehr gern Suppe.
Suppe ist super!

Schuhe, Schule, Schwester …
Nach der Schule kauft meine Schwester Schuhe.

Kannst du das schon?

Ferien und Reisen

– der Berg | der Campingplatz | das Flugzeug | das Gepäck |
die Insel | das Land | das Meer | die Postkarte | das Schiff | der See

– wandern | schwimmen | fliegen | fahren | campen

In der Stadt

– die Altstadt | der Bahnhof | das Café | das Kino | das Krankenhaus |
der Marktplatz | der Park | die Post | die Schule | das Schwimmbad |
der Spielplatz | das Theater

Wohin?

– Ich fahre ...
... an einen See / ans Meer / an die Nordsee.
... in die Berge / in die Schweiz.
... nach Italien / nach Rom.
... zu meiner Oma / zu meinem Opa.

Wegbeschreibung

– links | rechts | geradeaus

– Du bist an der Schule. Du gehst links zur Post. Dann gehst du
geradeaus, da ist das Café. Am Café gehst du links. Dann siehst
du den Park.

Es

– Es regnet. Es ist kalt.

– Es / Das Wetter ist schön. Es ist heiß/warm.

– Es geht mir gut / sehr gut. / Mir geht es gut.
Es geht mir schlecht. / Mir geht es schlecht.

– Es gibt viele Discos.

Präteritum

– Die Ferien waren toll. Ich war auf Naxos. Ich hatte viel Zeit.
Das Wetter war schön. Die Leute waren nett. Wir hatten viel Spaß.
Ich hatte schöne Ferien.

– Toll!
– Lecker!
– Prima!
– Voll korrekt!

Noch einmal, bitte

Ferien und Reisen

Notiert sieben Wörter zum
Thema.

In der Stadt

Nennt möglichst viele Orte
in einer Stadt.

Wohin?

Wohin fahrt ihr? Nennt drei
Ferienziele.
an/ans
in
nach
zu

Wegbeschreibung

Beschreibt den Weg.
Start: Schule
↰ Post
↑ Café
↱ Ziel: Park

Es

Wie ist das Wetter?

Wie geht es dir?
☺ ☹

Was gibt es im Urlaub?

Präteritum

Schreibt den Text im
Präteritum:
*Die Ferien sind toll! Ich bin
auf Naxos. Ich habe viel
Zeit. Das Wetter ist schön.
Die Leute sind nett. Wir
haben viel Spaß. Ich habe
schöne Ferien.*

Toll!

Wir lernen:
Körperteile | über Gesundheit und Krankheit sprechen | über Gesundes und Ungesundes sprechen
Genitiv bei Eigennamen | Akkusativpronomen

Gute Besserung!

1 Beim Arzt

73
▶LHB

a Hört den Dialog. Wo hat Anton Schmerzen? Markiert an der Tafel.

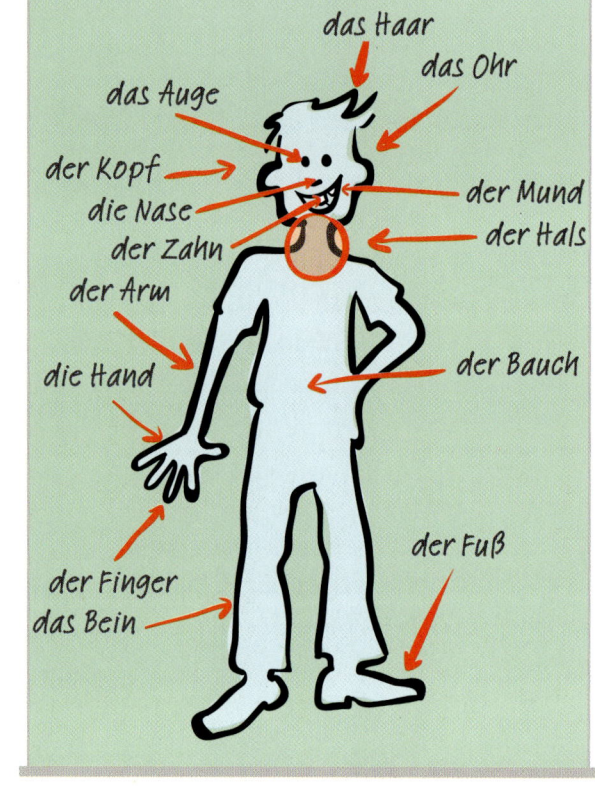

- Na, was fehlt dir denn?
- ○ Mein Hals tut weh.
- Sag mal ‚A'!
- ○ AAAAAA!
- Tut der Kopf auch weh?
- ○ Ja! Und meine Ohren tun auch weh!
- Aha.
- ○ Und ich habe Bauchschmerzen.
- Hast du die Schmerzen schon lange?
- ○ Ja. Muss ich ins Krankenhaus?
- Nein. Du musst nicht einmal in die Apotheke ...

b Was tut Anton weh? Sprecht in der Klasse.

> Was tut
> Anton weh?

> Antons Ohren
> tun weh.

> Was tut ihm
> noch weh?

> Antons ...

Genitiv-s bei Eigennamen
Anton**s** Ohren
Anton**s** Nase
Anton**s** Bauch

2 Schwierige Wörter aussprechen

74

Hört zu und sprecht nach.

Bauchschmerzen	die Bauchschmerzen	Hast du schon lange Bauchschmerzen?
Frühstücksbrötchen	das Frühstücksbrötchen	Magst du Wurst auf dein Frühstücksbrötchen?
Deutscharbeit	die Deutscharbeit	Wann schreiben wir die Deutscharbeit?
Entschuldigung	die Entschuldigung	Du brauchst eine Entschuldigung.
Kugelschreiber	der Kugelschreiber	Wo ist mein Kugelschreiber?
Lieblingslehrer	der Lieblingslehrer	Wie heißt dein Lieblingslehrer?

3 Aua! Mir tut … weh!

 a Wem tut was weh? Ordnet die Sätze im Heft.

1. Das Wetter war so kalt, deshalb …	A … tun ihr die Augen weh.
2. Plato liebt Schokolade, deshalb …	B … hat Nadja Halsschmerzen.
3. Paul isst viele Hamburger, deshalb …	C … ist ihm schlecht.
4. Frau Müller war zwei Tage in den Bergen, deshalb …	D … hat Robbie Kopfschmerzen.
5. Die Musik war viel zu laut, deshalb …	E … tun ihr die Füße weh.
6. Pia sieht viel fern, deshalb …	F … hat er oft Zahnschmerzen.

 b Hört das Telefongespräch. Wie geht es Frau Müller?

75

c Wie geht es dir? Spielt Dialoge in der Klasse.

- Wie geht es dir?
- Geht es dir gut?
- Geht es dir heute nicht gut?
- Was hast du denn? Was ist los?

- ○ Es geht mir gut / nicht so gut / schlecht.
- ○ Ja, super. / Nein, nicht so gut.
- ○ Doch, alles klar. Mir geht's sehr gut.
- ○ Mir tut … weh. Mir ist (so) schlecht. Mein/Meine … tut/tun weh. Ich habe Halsschmerzen/ Bauchschmerzen/…

- Hoffentlich geht es dir bald besser. Gute Besserung!

d Pantomime: Jemand spielt eine Krankheit vor, die anderen raten.

4 Das Mathe-Fieber, Teil 1 „Die Klassenarbeit"

a Seht die Bilder an und arbeitet zu zweit. Beschreibt die Bilder.

1. Alex: 7 Uhr – aufstehen
2. Stundenplan lesen – Schulsachen suchen
3. Heute: Klassenarbeit Mathe – Angst bekommen – Idee haben
4. Alex: wieder ins Bett gehen – Mutter: ins Zimmer kommen – Alex: „Mir geht es so schlecht!"

5. Mutter: Tee und Tabletten bringen – zur Arbeit gehen – „Gute Besserung!"
6. Alex: laut Musik hören – Comics lesen – Handy klingeln

Bild 1: Alex steht um 7 Uhr auf.

b Hört das Telefongespräch. Wer sagt was?

76

Ich verstehe dich nicht. • Ich koche Tee für euch.
Wir besuchen ihn. • Ruf mich bitte an.
Ich verstehe ihn nicht.
Besucht ihr mich? • Er kocht Tee für uns.

▸LHB   **c Würfel-Spiel: Spielt zu zweit und macht Sätze.**

1 besuchen	1 mich
2 verstehen	2 dich
3 anrufen	3 ihn/sie
4 kochen (für)	4 uns
5 abholen	5 euch
6 treffen	6 sie

Zwei und vier, „verstehen" und „uns": Er versteht uns.

Akkusativpronomen
Ruf **mich** bitte an.
Ich verstehe **dich** nicht.
Wir besuchen **ihn**.
Er kocht Tee für **uns**.
Sie trifft **euch** heute.

5 Das Mathe-Fieber, Teil 2 „Der Besuch"

a Ein Freund / Eine Freundin von euch ist krank. Was bringt ihr mit? Sprecht in der Klasse.

Ich bringe Schokolade mit!

Ich bringe Obst mit.

Ich bringe das Mathebuch mit.

Quatsch! Man bringt kein Mathebuch mit!

b Ordnet die Sätze den Bildern zu.

A Du bleibst zu Hause und lernst Mathe! • **B** Hallo Alex! Wir haben eine Überraschung für dich!
C Ja! Ich komme mit! • **D** Heute war keine Klassenarbeit. Der Mathelehrer ist krank.
E Wir essen ein Eis. Kommst du mit? • **F** Kann ich das Paket aufmachen?
G Keine Klassenarbeit? Ich werde verrückt! • **H** Mama, neiiin! Mir geht es viel besser.

c Beschreibt die Bilder 7–9.

▶LHB

Bild 7
Am Nachmittag besuchen ...
Zuerst macht Alex ...
Danach ...

Bild 8
Nora und Julia ...
Alex möchte ...

Bild 9
Dann kommt ...
Alex muss ...

6 Du bist zu dick!

a Über wen sprechen Pia und Nadja? Was ist das Problem?

77

b Was ist gesund/ungesund? Sammelt und vergleicht in der Klasse.

Ich denke, Wurst ist gesund.

Stimmt nicht! Wurst ist ungesund.

c Plato ist zu dick. Was kann er tun? Arbeitet zu zweit und gebt ihm Tipps.

Plato, du musst viel laufen!

Sieh nicht so lange fern!

d „Fit sein" – Mach deinen Wochenplan: Essen, Sport usw. Vergleicht in der Klasse.

Montag	Dienstag	Mittw
Essen		
Frühstück		
Obst, Milch ...		
Mittagessen		
...		
Abendessen		
...		
Sport		
30 Min. Radfahren		
Sonstiges		
wenig fern-sehen		

Kannst du das schon?

Körperteile

– der Kopf, das Auge, das Ohr, die Nase, der Mund, der Zahn, das Haar, der Hals, der Arm, die Hand, der Finger, der Bauch, das Bein, der Fuß

Genitiv-s bei Eigennamen

– Platos Ohren
– Koljas Nase
– Robbies Gitarre

Wie geht es dir?

– ● Wie geht es dir?   ○ Es geht mir gut / nicht so gut / schlecht.

– ● Geht es dir gut?   ○ Ja, super. / Nein, nicht so gut.
– ● Geht's dir nicht gut?   ○ Doch, mir geht's gut!
– ● Was hast du denn? / Was ist los?   ○ Mir tut ... weh.
  Mir ist (so) schlecht ...
  Mein Kopf tut weh. /
  Ich habe Halsschmerzen/
  Bauchschmerzen/...

– ● Hoffentlich geht es dir bald besser.
  Gute Besserung!

gesund | ungesund

– Schokolade | Kaffee | Eis | Hamburger | Kuchen | Pizza ...
– laufen | schwimmen | schlafen | Fußball spielen | Snowboard fahren | tanzen ...

Akkusativpronomen

– Ruf mich bitte an.
– Er lädt uns ein.
– Ich verstehe Sie nicht.

– Aua!
– Ich werde verrückt!
– Stimmt! | Stimmt nicht!
– Mir ist schlecht.
– Alles klar!

Noch einmal, bitte

Körperteile

Nennt fünf Körperteile.

Genitiv-s bei Eigennamen

Von wem ist ...?

Wie geht es dir?

Sagt, wie es euch geht.
Mir geht es ...

Mir tut ... weh.

Ich habe ...schmerzen.

gesund | ungesund

Nennt drei ungesunde Lebensmittel.
Nennt drei gesunde Aktivitäten.

Akkusativpronomen

Macht drei Sätze.
bitte | anrufen | mich
uns | einladen | er
ich | nicht verstehen | Sie

Aua!

Wir lernen:
das Zimmer | die Wohnung | eine Einladung lesen und beantworten | eine S-Bahn-Fahrt beschreiben | einen Linienplan lesen
ihr-Imperativ | Wo? – in der Küche / im Bad

Mein Zimmer

das Poster   die Lampe

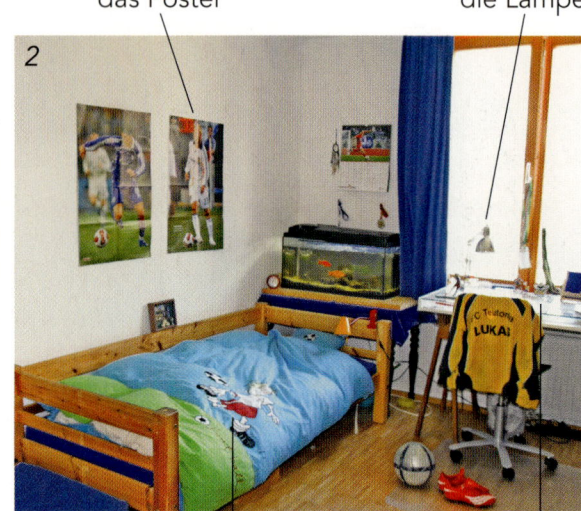

das Regal   der Stuhl   die Tür   das Bett   der Tisch

1 **Bens Zimmer**

a **Was gibt es in beiden Zimmern?
Sammelt zu zweit.**

> In beiden
> Zimmern gibt es ein
> Bett, …

b **Hört den Dialog. Wo sind die Personen? In Zimmer 1 oder 2?**

78

2 **Das Zimmerspiel**
**Übt zu zweit. Jeder schreibt fünf Gegenstände aus seinem Zimmer auf einen Zettel.
Fragt und antwortet wie im Beispiel.**

> Hast du einen
> Schrank im Zimmer?

> Ja. Hast du
> ein Regal im
> Zimmer?

> Nein. Hast du …
> im Zimmer?

3 Bens Wohnung

a Was kann Ben in seinem Zimmer machen? Wählt aus dem Kasten.

schlafen • lesen • Musik hören • im Internet surfen • telefonieren
duschen • Zähne putzen • fernsehen • in der Sonne sitzen • kochen
Fußball spielen • eine Party feiern • Fahrrad fahren • frühstücken

Ben kann Musik hören.

b Was macht Ben in den anderen Zimmern? Wählt aus den Wörtern in 3a aus.

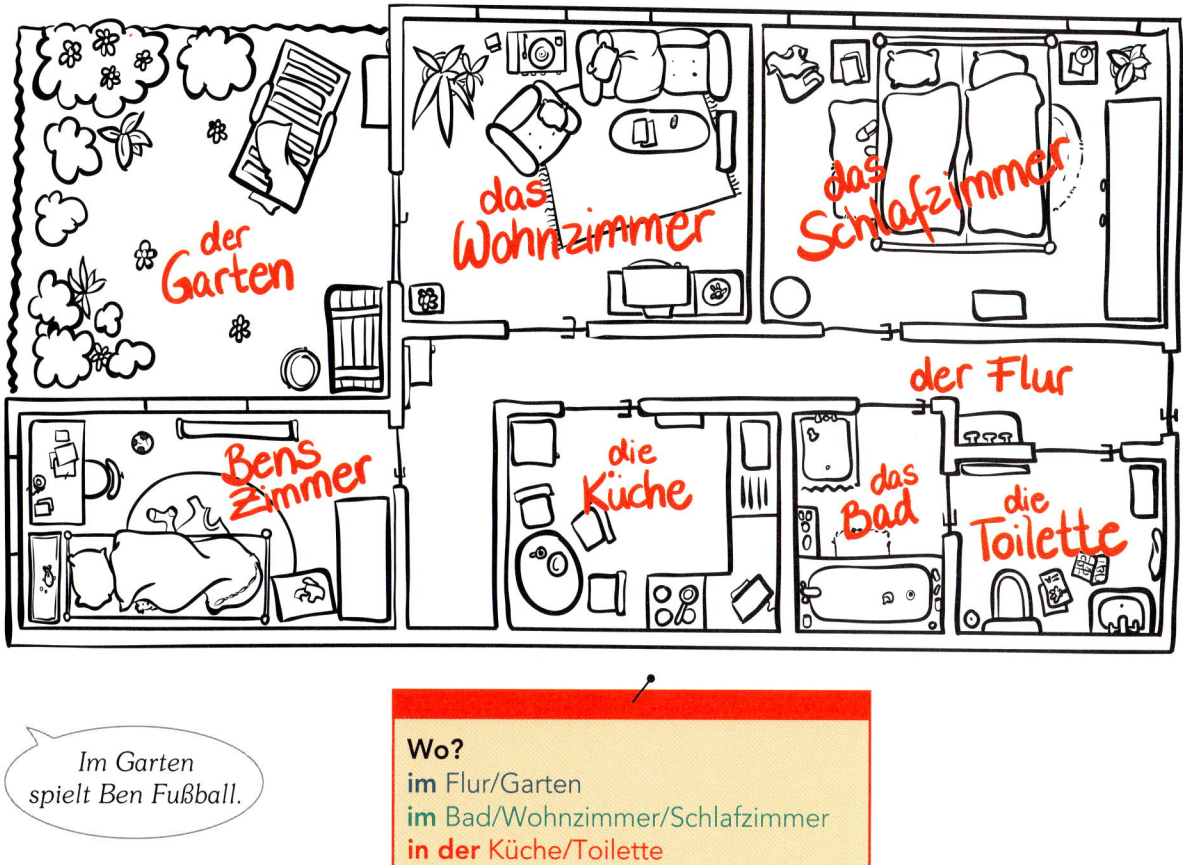

Im Garten spielt Ben Fußball.

Wo?
im Flur/Garten
im Bad/Wohnzimmer/Schlafzimmer
in der Küche/Toilette

c Malt eure Traumwohnung. Der Partner rät die Zimmer.

Ist das deine Küche?

Nein! Hier putze ich Zähne.

Ist das dein Bad?

Ja!

4 **Eine Einladung**

a **Lest die Sätze und dann die E-Mail. Welche Sätze sind richtig?**

1. Paul hat Geburtstag.   2. Paul feiert die neue Wohnung.
3. Die Freunde sind am Samstag und Sonntag bei Paul.   4. Die Gäste müssen nichts mitbringen.

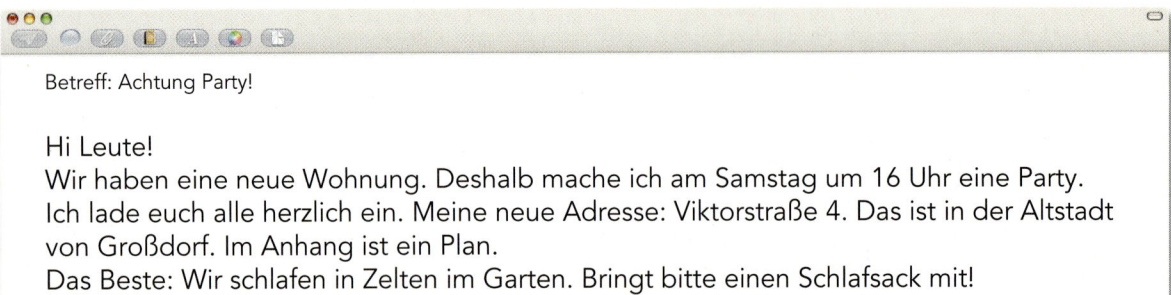

Betreff: Achtung Party!

Hi Leute!
Wir haben eine neue Wohnung. Deshalb mache ich am Samstag um 16 Uhr eine Party.
Ich lade euch alle herzlich ein. Meine neue Adresse: Viktorstraße 4. Das ist in der Altstadt
von Großdorf. Im Anhang ist ein Plan.
Das Beste: Wir schlafen in Zelten im Garten. Bringt bitte einen Schlafsack mit!
Ich hoffe, ihr kommt. Bitte sagt mir bis Donnerstag Bescheid!
Euer Paul

b **Der Weg zu Paul: Was ist falsch? Vergleicht mit dem Plan.**

– mit der S-Bahn-Linie 3 Richtung Flughafen
  bis Haltestelle Großdorf fahren
– an der Haltestelle links rausgehen
– dann rechts abbiegen und geradeaus zur
  Lenzstraße gehen
– rechts in die Lenzstraße abbiegen
– dort 100 m zur Viktorstraße gehen
– links in die Viktorstraße abbiegen
– Hausnummer 4, bei „Kunze" klingeln

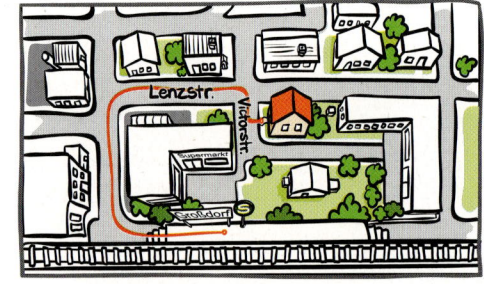

c **Erklärt den Gästen den Weg zu Paul.**

Fahrt mit der S-Bahn
Richtung Flughafen bis …
Dann …

Imperativ: ihr
fahren → fahr**t**
raus gehen → geht raus
gehen → geh**t**
ab biegen → biegt ab
klingeln → klingel**t**

d **Beschreibt den Weg zu euch nach Hause.**

5 **Vielen Dank für die Einladung**

a **Lest die Antworten. Wer kommt? Wer kommt nicht?**

Hi Paul,
vielen Dank für die
Einladung. Ich komme
gern.
Bis Samstag!
Nadja

Tag Paul,
tut mir leid, aber ich kann
nicht zu der Party kommen.
Mein Opa feiert Geburtstag.
Viel Spaß!
Paula

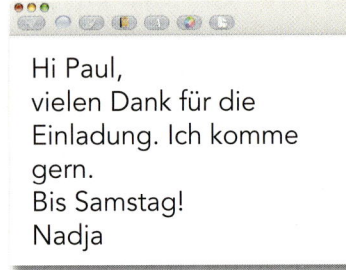
Hallo Paul! Ist
dein Zimmer fertig?
Ich komme natürlich
und sehe mir alles
an. Kolja

Optionen   Weiter   Zurück

b **Wollt ihr zu Pauls Party kommen? Sagt ihm zu oder ab.**

6 Die Fahrt zu Paul

a Seht die Bilder an. Ordnet die Sätze den Bildern zu.

1

2

3

4

A Sie laufen zum Gleis 2. Die S-Bahn fährt ab. • **B** Die Freunde warten. Pia ist nicht pünktlich. Sie kaufen Fahrkarten am Automaten. • **C** Paul ist traurig, aber seine Freunde kommen schon. • **D** Die Freunde steigen in die S-Bahn ein. Die S-Bahn kommt in Großdorf an und die Freunde steigen aus.

79

b Hört den Text. Warum kommen die Freunde so spät zu Paul?

Pia kommt zu spät.

Plato hat …

Sie waren beim …

Die S-Bahn …

7 Mit oder ohne *h*?

80

a Welches Wort hört ihr? Schreibt ins Heft.

1. Haus – aus   2. hier – ihr   3. Halt! – alt   4. heiß – Eis   5. Hund – und   6. Hanna – Anna

▶LHB **b** Übt zu zweit. Einer sagt ein Wort aus 7a. Der andere rät: mit oder ohne *h*?

8 **Der U-Bahn-Plan von Wien**

a **Lest den Plan. Beantwortet die Fragen.**

1. Wie heißt eine Endhaltestelle von Linie 2?
2. Wo kann man umsteigen?
3. Wo ist die Universität?
4. Wie viele U-Bahn-Linien sieht man?

▶LHB **b** **Arbeitet zu dritt. Jeder schreibt vier Haltestellen auf Kärtchen. Nehmt zwei Kärtchen und spielt Dialoge. Der Kasten hilft.**

> an der Haltestelle ... einsteigen • die U-Bahn-Linie ... nehmen • zur Haltestelle ... fahren
> da sein • in die Linie ... umsteigen

Wie kommen wir vom Stadtpark zum Volkstheater?

Nehmt die U-Bahn-Linie 4. Steigt an der Haltestelle Stadtpark ein. Fahrt eine Haltestelle ...

Kannst du das schon?

Noch einmal, bitte

Das Zimmer
– das Bett, der Tisch, der Stuhl, das Regal, die Lampe, der Schrank, das Poster, die Tür

Das Zimmer
Was ist in eurem Zimmer?

Die Wohnung
– mein Zimmer, das Wohnzimmer, das Schlafzimmer, die Küche, der Flur, das Bad, die Toilette, der Garten

Die Wohnung
Welche Zimmer hat eure Wohnung?

Die Einladung
– Hi Leute!
Ich habe Geburtstag. Deshalb mache ich eine Party. Ich lade euch am Freitag um 16 Uhr ein.
Meine Adresse ist Petersplatz 15. Bringt bitte Musik mit.
Kommt ihr? Sagt mir bis Mittwoch Bescheid.
Viele Grüße,
…

Die Einladung
Schreibt eine Einladung.

Auf eine Einladung antworten
– Liebe …, / Lieber …,
vielen Dank für die Einladung. Ich komme gern.
Dein … / Deine …

– Liebe …, / Lieber …,
tut mir leid, aber ich kann nicht zu der Party kommen. Meine Mutter ist krank.
Dein … / Deine …

Auf eine Einladung antworten
Sagt zu oder ab.
☺ ja, kommen
☹ nein, Mutter krank

Wo macht ihr was?
– Ich koche in der Küche.
– Ich dusche im Bad.
– Ich lese im Wohnzimmer.

Wo macht ihr was?
Macht 3 Sätze.

Imperativ: ihr
– Steigt an der Haltestelle Keplerplatz in die U-Bahn-Linie 1 ein. Fahrt bis zur Haltestelle Karlsplatz. Steigt in die U-Bahn-Linie 4 um. Fahrt bis Haltestelle Stadtpark. Und schon seid ihr da.

Imperativ: ihr
Beschreibt den Weg.
einsteigen: Keplerplatz, U 1
→ fahren bis Karlsplatz
← → in die U4 umsteigen
→ fahren bis Stadtpark
→ da sein

Mit der S-/U-Bahn fahren
– Fahrkarten am Automaten kaufen – zum Gleis laufen – in die S-Bahn/U-Bahn einsteigen – die S-Bahn/U-Bahn fährt ab – die S-Bahn/U-Bahn kommt in … an – aussteigen

Mit der S-/U-Bahn fahren
Nennt fünf Aktivitäten.

– Tag!
– Hi Leute!
– Viel Spaß!
– Sag Bescheid!

Viel Spaß!

Finale

1 Wiederholungsspiel: „Drei gewinnt"

▶LHB **Spielt zu zweit, zu dritt, zu viert ...**
Jeder braucht zwölf Spielfiguren. Und so geht's:

Wie heißen die Länder?

TR
A · CH · S
D

Sag drei Imperativ-Sätze von Eltern.

Wie spät ist es?

Spiel einen Minidialog:

● *Kommst du mit ins Kino?*
○ ☺ / ☹

Nenne sieben Lebensmittel.

Was machst du oft, was nur manchmal und was nie? Sag je ein Beispiel.

Du bekommst eine Einladung zu einer Geburtstagsparty.
Du kommst gerne!
Ruf an.

Was sagst du?

Beschreibe den Weg zur Apotheke.
Zuerst ... →
dann... ↑
danach... ←

Nenne fünf Hobbys.

Bestelle und frag nach dem Preis.

Mathe	Musik	Englisch
Deutsch		

Wie heißen die Wochentage?

Nenne fünf Dinge in deinem Zimmer.

Nennt fünf Wörter.

Schule
Stadt

Stelle drei Fragen zu einer Person.
Wie ...?
Woher ...?
Wo ...?

Zähle von 20 bis 10!

20, 19, ...

Was sagst du?

Mach Sätze mit:

einkaufen
aussteigen
anrufen

Leg eine Spielfigur auf ein Feld. Löse die Aufgabe. Richtig? Figur bleibt liegen. Falsch?
Figur muss weg. Der nächste Spieler kommt dran. Hast du drei in einer Reihe? Du gewinnst!
Sind alle Spielfiguren weg und keiner hat drei in einer Reihe? Das Spiel ist unentschieden.

s magst du? ☺ s magst du nicht? ☹	Wie waren deine Ferien? – Wetter – Leute – Essen	Du bekommst eine Einladung zu einer Geburtstagsparty. Du kannst leider nicht kommen. Ruf an. 
s trägst du gerade? 	Nenne drei Tageszeiten. Am ...	Sag die Preise:  14,50  € 8,25  € 6,99 €
e heißen die vier reszeiten?	Welche Körperteile haben wir zweimal? Nenne vier Beispiele. 	Was kannst du? Was kannst du nicht? Nenne zwei Beispiele.
s braucht man für Obstsalat? nne vier Dinge. 	Wie heißen die Farben? 	Nenne drei Berufe.
lche Sprachen spricht man ... Deutschland? Australien? der Türkei? Russland? Frankreich?	Wie heißt der Plural? das Buch – der Computer – der Apfel – das Handy – die Lehrerin	Was tut weh? 
le vier Fragen. nst ...? st ...? gst ...? nst ...?	 BARBARA GÜNTHER Nenne fünf Verwandte.	Wie ist eure Schule? Sag drei Sätze.

2 Feste und Feiern in (D)-(A)-(CH)

a Seht die Fotos an. Welche Feste kennt ihr schon?

Foto 2 kenne ich. Das ist …

Weihnachten • Nationalfeiertag • Karneval/Fasching • Ostern • Silvester • Geburtstag

▸LHB **b** Kennt ihr noch andere Feste aus Deutschland, Österreich oder der Schweiz?

c **Lest die Texte und hört die drei Szenen. Was passt zu welchem Fest?**

81

(A)
> *Frohe Ostern!*

(B)

> Lieber Anton,
> wir sind mit der Klasse in Köln. Es ist super hier. Alle haben frei und feiern auf der Straße. Die Menschen haben tolle Kostüme an (Clown, Indianer, Hund, Lehrer ☺ ...). Alle singen lustige Lieder. Es ist echt cool hier.
> Aber auch total kalt. Deshalb sitze ich jetzt im Café, trinke eine Schokolade und schreibe an Dich.
> Später mehr. Ich habe Fotos, die sind echt lustig!!!
> Bis bald, Deine Charlotte
>
> Anton
> Sonnen
> 76354

(C)

Tron:	Gut drauf ...?
Krass:	Klar, morgen ist ein super Tag.
Tron:	???
Krass:	Rate mal: Party, Geschenke, Kuchen ...
Tron:	Und Familie!
Krass:	Ja, genau. Du kapierst schnell.
Tron:	Ich feier lieber meinen Namenstag.
Krass:	Wann?
Tron:	Am 19. 01.
Krass:	... Dann heißt du Mario, Pia oder Martha!
Tron:	Genau!

(D)
> *Frohes Fest!*

(E)

An:
Kopie:
Betreff: Bin nicht da!

Hey Karo,
ich will dir nur Bescheid sagen, dass ich morgen nicht im Netz bin.
Wir haben morgen frei – SUPER!!!
Am 1. August ist unser Bundestag, also der Nationalfeiertag. Da gibt es viele Feste und Feiern. Und überall die Schweizer Fahnen.
Ich fahre aufs Land zu meinem Opa. Er macht Musik.
Er kann Alphorn spielen. Alphörner sind ganz typisch in der Schweiz und Alphorn spielen ist echt schwer. Aber mein Opa kann das und die ganze Familie kommt zu Besuch.
Am Sonntag bin ich wieder da.
Bis dann
Flori
P. S.: Habt ihr auch einen Nationalfeiertag? Habt ihr dann auch frei?

(F)
> *Prost Neujahr!!!*

d **Welche Feste gibt es in eurem Land, in eurer Region? Beschreibt die Feste und macht Plakate mit Texten, Bildern usw.**

Wer feiert?   Haben die Menschen frei?
Wann ist das Fest?   Gibt es Geschenke, Lieder ...?

3 Die Kurs-Abschlussparty

a Arbeitet in Gruppen. Sucht eines der Spiele A–F aus und macht die Aufgaben.

1. Lest den Text zu eurem Spiel. Gibt es oben ein passendes Bild?
2. Überlegt: Was braucht ihr für das Spiel? Macht eine Liste.
3. Erklärt das Spiel in der Gruppe. Erklärt es dann in der Klasse.

A Luftballon-Tanz
Musik läuft und immer zwei tanzen zusammen. Sie haben einen Luftballon zwischen den Köpfen. Passt gut auf! Welches Paar kann den Luftballon am längsten ohne Hände halten?

B Montagsmaler
Ein Schüler / Eine Schülerin malt etwas auf ein Blatt Papier oder an die Tafel. Die anderen raten: Was ist das? Antwort richtig? → 1 Punkt und der Schüler / die Schülerin mit dem Punkt malt etwas anderes an die Tafel. Wer hat die meisten Punkte?

C Pantomime
Ein Schüler / Eine Schülerin spielt ein Wort vor (z. B. ein Hobby, ein Essen, ein Fest …). Er/Sie darf nicht sprechen. Die anderen raten: Was macht er/sie? Antwort richtig? → 1 Punkt und der Schüler / die Schülerin mit dem Punkt spielt ein anderes Wort vor. Wer hat die meisten Punkte?

D Ich packe meinen Koffer
Schüler/Schülerin 1 sagt z. B.: „Ich packe meinen Koffer und nehme ein Buch mit." Schüler/Schülerin 2 wiederholt und ergänzt: „Ich packe meinen Koffer und nehme ein Buch und ein Radio mit." Schüler/Schülerin 3 wiederholt alles und ergänzt ein Wort … Wer einen Fehler macht, ist raus.

E Ich sehe was, was du nicht siehst

Ein Schüler / Eine Schülerin wählt ein Ding im Raum. Dann sagt er/sie z. B.: „Ich sehe was, was du nicht siehst, und das ist grün."
Was ist das Ding? Richtige Antwort? → 1 Punkt und der Schüler / die Schülerin mit dem Punkt macht weiter.

F Stille Post

Alle Schüler sitzen im Kreis. Schüler/Schülerin 1 sagt einen Satz sehr leise in das Ohr von Schüler/Schülerin 2. Schüler/Schülerin 2 sagt es in das Ohr seines Nachbarn / seiner Nachbarin ... Der/Die Letzte sagt den Satz laut.
Ist der Satz gleich wie am Anfang?

b Welche Spiele kennt ihr noch? Könnt ihr sie auf Deutsch erklären?

c Stimmt in der Klasse ab: Welche Spiele wollt ihr bei eurer Kurs-Abschlussparty spielen? Jeder hat zwei Stimmen. Probiert die besten Spiele aus.

> Luftballon-Tanz IIIIII
> Stille Post III

d Überlegt in der Klasse: Was braucht ihr noch für eure Party? Wer macht was?

Musik	Essen/Trinken	Dekoration
– DJ → Max	– Saft → ...	– ...
– Musikanlage → ...		

e Sprecht ganz viel Deutsch auf eurer Party. Viel Spaß!

Grammatikübersicht

Lokalergänzungen:
Wohin fährst du? – an, in, zu, nach

	der	ein	das	ein	die	eine
an	an den Bodensee	an einen See	ans Meer	an ein Meer	an die Universität	an eine Universität
in	in den Park	in einen Park	ins Café	in ein Café	in die Schule	in eine Schule
zu	zum Sportplatz	zu einem Sportplatz	zum Konzert	zu einem Konzert	zur Post	zu einer Post
nach	Italien, Griechenland, Wien, Prag					

Lokalergänzungen:
Wo bist du? – an, in, bei

	der	ein	das	ein	die	eine
an	am Bodensee	an einem See	am Meer	an einem Meer	an der Universität	an einer Universität
in	im Park	in einem Park	im Kino	in einem Kino	in der Schule	in einer Schule
bei	beim Sportplatz	bei einem Sportplatz	beim Konzert	bei einem Konzert	bei der Post	bei einer Post
	Opa, Oma, Pia, Paul					

Es

Wetter	**Es** regnet. **Es** ist kalt/warm/schön.
Essen	**Es** schmeckt gut / prima / nicht schlecht.
☺ – ☹	Wie geht **es** dir? – **Es** geht mir gut. / **Es** geht mir schlecht.

Genitiv-s bei Eigennamen

das Buch von Paul → Paul**s** Buch
die Pizza von Nadja → Nadja**s** Pizza

Präteritum von *sein* und *haben*

	sein	haben
ich	war	hatte
du	warst	hattest
er/es/sie	war	hatte
wir	waren	hatten
ihr	wart	hattet
sie	waren	hatten
Sie	waren	hatten

Personalpronomen im Akkusativ

Nominativ	Akkusativ	
ich	mich	Ruf **mich** bitte an.
du	dich	Ich besuche **dich**.
er	ihn	Ich verstehe **ihn** nicht.
es	es	Ich verstehe **es** nicht.
sie	sie	Ich verstehe **sie** nicht.
wir	uns	Ich koche das Essen für **uns**.
ihr	euch	Ich rufe **euch** an.
sie	sie	Ich sehe **sie**.
Sie	Sie	Ich verstehe **Sie** nicht.

Imperativ

	gehen	klingeln	ab biegen	aus steigen
du	Geh!	Klingel!	Bieg ab!	Steig aus!
ihr	Geht!	Klingelt!	Biegt ab!	Steigt aus!

Tipps für die Prüfung

1 Prüfungsteil Hören: Nachrichten

a Lest die Aufgabe aus der Prüfung und beantwortet die Fragen.

> Du hörst **drei** Nachrichten am Telefon.
> Zu jeder Nachricht gibt es Aufgaben.
>
> Kreuze an: ⓐ, ⓑ oder ⓒ.
>
> Du hörst jede Nachricht **zweimal**.

– Wie viele Nachrichten hört ihr in der Prüfung?
– Was gibt es zu jeder Nachricht?
– Was sollt ihr machen?
– Wie oft hört ihr jede Nachricht?

Wir hören ...

b Lest die Aufgaben 1 und 2. Hört dann die Nachricht und lest mit.

82

1 Laura muss

ⓐ ein Buch lesen. ⓑ einkaufen. ⓒ Hausaufgaben machen.

2 Danach will sie

ⓐ in den Super-markt gehen. ⓑ ins Kino gehen. ⓒ nach Hause gehen.

*Hallo, hier ist Laura.
Wollen wir später ins Kino?
Ich war gerade einkaufen
und jetzt muss ich zuerst
Hausaufgaben machen.
Aber danach habe ich Zeit.
Ruf mich mal an.
Tschüs.*

c Welche Antworten sind richtig?
Schreibt die Antworten zu Aufgabe 1 und 2 ins Heft.

> *1: Laura muss ...*
> *2:*

d Hört die Nachricht noch einmal. Kontrolliert eure Antworten.

2 **Prüfungsteil Sprechen: Bitten, Aufforderungen und Fragen formulieren und darauf antworten oder reagieren**

 a **Welche Antwort passt zu welcher Frage? Schreibt ins Heft.**

1. Ist das dein CD-Player?
2. Hast du einen Computer?
3. Magst du Pizza?
4. Kannst du Gitarre spielen?
5. Sind das deine Bücher?

A Nein, ich habe keinen Computer.
   Aber mein Bruder hat einen Computer.
B Ja, das sind meine Bücher.
C Nein, ich kann nicht Gitarre spielen.
   Aber ich kann gut singen.
D Klar, ich liebe Pizza.
E Nein, das ist Ronjas CD-Player.

1 E

b **Wie viele Aufforderungen und Fragen findet ihr? Macht eine Tabelle an der Tafel und ergänzt weitere Beispiele.**

!	?
Zieh die Jacke an!	...

1. Ist der Stuhl frei
2. Zieh die Jacke an
3. Wo ist meine CD
4. Schau mal, das Foto

5. Ist das dein Hund
6. Gib mir die Banane
7. Mach die Musik leise

c **Was könnt ihr auf die Aufforderungen und Fragen antworten? Schreibt die Antworten an die Tafel.**

Zieh die Jacke an!
– Ja, mach ich.
– Nein, ich habe keine Lust.

d **Arbeitet zu zweit. Macht drei Kärtchen mit Ausrufezeichen (!) und drei Kärtchen mit Fragezeichen (?). Mischt die Karten und legt sie umgedreht auf den Tisch. Jeder legt drei Sachen auf den Tisch. Nehmt eine Sache in die Hand und zieht eine Karte. Formuliert eine Frage (?) oder eine Aufforderung (!). Der andere antwortet.**

Bis nächstes Jahr!

3 Das Schuljahr ist zu Ende, Nadjas Klasse hat Ferien. Nadja schaut in ihr Logisch!-Freunde-Buch.
Oh nein, alles ist voll mit Kakaoflecken. Jannik!
Schreibt die Sätze mit den fehlenden Wörtern in euer Heft.

Name: Paul
Mein Lieblings███ „Die Chroniken von Narnia" von Clive St. Lewis

Mein Lieblings-Vers:
Ein gutes Wort und ein schönes Lachen kann alle Leute glücklich███

Mein Lieblingssport: Fuß███, aber ich ███ auch gern Rad

Hobbys: Fußball spielen, Lesen, Ko███

Das wünsche ich dir für die Ferien: Viel Wasser! Du willst doch sch███ oder?

4 **Macht euch auch Abschlusshefte.**
Jeder bringt ein Heft mit.
Was könnt ihr noch in das Heft schreiben?
Sammelt an der Tafel.

Lasst auf jeder Seite Platz für ein Foto!

Tschüs, bis nächstes Jahr!

– Alter
– Lieblingsessen
– Lieblingslied
– Schuhgröße
– Lieblingsfach
– Adresse
– Haustier
– Ich mag … / Ich mag nicht …
– Ich kann gut …

Quellenverzeichnis

U2 © Polyglott Verlag GmbH, München
S. 8 Dieter Mayr
S. 9 Dieter Mayr
S. 11 Dieter Mayr
S. 14 Dieter Mayr
S. 15 Dieter Mayr
S. 18 Dieter Mayr
S. 20 Airbus Industrie / Lufthansa
S. 21 1 Theo Scherling, 2 Pchemyan Georgiy – shutterstock.com, 3 Ullstein Bilderdienst, 4 Lindt, 5 Lucky Dragon – Fotolia.com, 6 BMW: pixelio, 6 Mercedes: shutterstock.com
S. 22 1 Gravicapa – shutterstock.com, 2 Moyseeva Irina – Fotolia.com, 3 MuratBaysan – shutterstock.com, 4 shutterstock.com, 5 shutterstock.com, 6 Bomshtein – shutterstock.com, 7 STILLFX – shutterstock.com, 8 Basov Mikhail – shutterstock.com
S. 24 Phototom – Fotolia.com
S. 26 1 Tracy Whiteside – shutterstock.com, 2 Dieter Rogge, 3 Barbara Habermann, 4 Tracy Whiteside – shutterstock.com
A Helen Schmitz, B Archiv Bild&Ton, C PhotoCreate – shutterstock.com, D Sean Nel – shutterstock.com
S. 27 PhotoCreate – shutterstock.com
S. 29 PhotoCreate – shutterstock.com
S. 30 Dieter Mayr
S. 34 Javier Fontanella – iStockphoto
S. 36/37 Polyglott
S. 36 Allianz Arena: pixelio, Fiaker: Martin – Fotolia.com, Fischmarkt: dpa / picture alliance, Gebirgslandschaft: SARMAT – Fotolia.com, Kölner Dom: Gerd Schmitz, Salzburgring: IGM Salzburgring, Stadtmarathon Berlin: Land Berlin/Thie, Stollenfest: dpa / picture alliance, Watt: Harlekin1979 – Fotolia.com, Zeitglockenturm: dpa / picture alliance
S. 39 alle Fotos: Dieter Mayr
S. 40 Joe Gough – shutterstock.com
S. 42 alle Fotos: Dieter Mayr
S. 44 Dieter Mayr
S. 46 oben 1. von links: bacalao – Fotolia.com, oben 2. von links: Jörg Lantelme Fotodesign, oben 3. von links: Version Berlin, oben 4. von links: Argum
1 Langenscheidt Archiv, 2 Langenscheidt Archiv, 3 Langenscheidt Archiv, 4 Langenscheidt Archiv, 5 Langenscheidt Archiv, 6 Langenscheidt Archiv
S. 48 A Angela Oakes – Fotolia.com, B mauritius, C A1 pix, D Ullstein Bilderdienst
S. 51 Joseph Helfenberger – Fotolia.com
S. 52 Visum
S. 53 alle Fotos: Dieter Mayr
S. 54 Claudia Dewald – iStockphoto
S. 56 1 shutterstock.com, 2 shutterstock.com, 3 Ilya Zlatyev – shutterstock.com, 4 Kirchgessner-laif, 5 paulaphoto – shutterstock.com
S. 58 1 alma_sacra – Fotolia.com, 2 Helen Schmitz, 3 pixelio Plack, 4 Misayo Tawa, 5 Isaak – shutterstock.com
A corbis, B Losevsky Pavel – shutterstock.com, C iStockphoto
S. 59 alle Fotos: shutterstock.com
S. 60 Computer: shutterstock.com, Fahrrad: pixelio Plack, Ski: Diego Cervo – shutterstock.com, Klavier: rpixs – shutterstock.com
unten links: shutterstock.com, unten rechts: paulaphoto – shutterstock.com

S. 71 Bus: Danny König – pixelio, Glas: corbis, Kuchen: pixelio, Band: Visum, restliche Fotos: shutterstock.com
S. 72 oben: Gerd Schmitz, Mitte: Sara K – pixelio unten: shutterstock.com
S. 74 alle Fotos: Dieter Mayr
S. 75 Abbildung: Ute Koithan
S. 80 1 Helen Schmitz, 2 corbis, 3 Dieter Mayr, 4 Visum, 5 Blow Up Fotografie, 6 Helen Schmitz
S. 81 Helen Schmitz
S. 88 links: Schmid Christophe – shutterstock.com, Mitte: Dieter Mayr, rechts: Hannamariah – shutterstock.com
S. 89 Dieter Mayr
S. 94 alle Fotos: Langenscheidt Archiv
S. 96 A dpa / picture alliance, B Helgard Ahrens – pixelio, H Galina Barskaya – Fotolia.com, G shutterstock.com
S. 97 C Fotolia.com, D dpa / picture alliance, E Corel Stock Photo Library
S. 98 1 Sarah Fleer, 2 Theo Scherling, 3 Helen Schmitz, 4 Volker Schmitz, 5 ecopix
S. 99 shutterstock.com
S. 101 oben: Volker Schmitz, Mitte: Helen Schmitz, unten: ecopix
S. 102 alle Fotos: Theo Scherling
S. 106 alle Fotos: Dieter Mayr
S. 107 Äpfel: shutterstock.com, Bananen: Corel Stock Photo Library, Tabletten: werg – shutterstock.com, Comicheft: Rolf Kauka / Kauka Promedia 2008, CD: Roman Sigaev – shutterstock.com, Jugendbuch: Dressler Verlag, Mathebuch: mentor Verlag, Würfel + Becher: Fotolia.com, Blumen: Fotolia.com, Stofftier: marika – pixelio, Saft: Kostas Tsipos – shutterstock.com, Eis: Robyn Mackenzie – shutterstock.com, Überraschungsei: A. Kniesel, 7 Dieter Mayr, 8 Dieter Mayr, 9 Dieter Mayr
S. 108 Hamburger: Rob Byron – shutterstock.com, Schokolade: shutterstock.com, Colaflasche: Dan Collier – shutterstock.com, Wasserflasche: Bomshtein – shutterstock.com, Kartoffeln: SueSchi – pixelio, Kaffee: Martin Schulz – pixelio, Saft: Kostas Tsipos – shutterstock.com, Kuchen: pixelio, Eis: Robyn Mackenzie – shutterstock.com, Fisch: shutterstock.com, Salat: Marc Dietrich – shutterstock.com, Wurst: Moculskiy Stanislav – shutterstock.com, Milchflasche: Rafa Irusta – shutterstock.com, unten rechts: Rainer Sturm – pixelio
S. 110 alle Fotos: Bettina Lindenberg
S. 111 Skizze Traumwohnung: Cordula Schurig
S. 114 Theo Scherling
S. 117 Helen Schmitz
S. 118 1 Associated Press, 2 Muellek – shutterstock.com, 3 Ullstein Bilderdienst, 4 Markus Meier – pixelio, 5 Jo Chambers – shutterstock.com, 6 corbis
S. 120 1 Yulia Butyrrina – Fotolia.com, 2 corbis, 3 corbis
S. 121 4 Getty, 5 Dragan Trifunovic – shutterstock.com, 6 Langenscheidt Archiv, 7 corbis
S. 124 Javier Fontanella – iStockphoto